LA SOMBRA DE
CORTÉS
SOBRE LOS MUROS MEXICANOS

Con la vida de Hernán Cortés se han hecho enredos asombrosos, como ocurre siempre con los personajes sobresalientes de la Historia. La presente obra expone la portentosa labor civil del extremeño, fundador de un sistema económico (el de las grandes haciendas) que produjo el esplendor de la Nueva España y perduró hasta el comienzo del siglo XX, en que la Revolución propició un cambio en la organización agrícola de México.

LOS *LIBROS* HACEN EDAMEX *LIBRES* A LOS HOMBRES

HERIBERTO FRIAS 1104 MEXICO 03100

La Sombra de CORTÉS Sobre los Muros Mexicanos

Octavio Aguilar de la Parra

Título de la obra: LA SOMBRA DE CORTÉS SOBRE LOS MUROS MEXICANOS.

ISBN-968-409-697-6

Primera edición: 1984
Segunda edición: 1992

EDAMEX, Heriberto Frías 1104, Col. del Valle, México 03100. Tels. 559-9328; 559-3246; 559-2597; 559-0069. Fax: 575-0555. Si llama de Estados Unidos, marque 91-5 antes del número.

A FELIPE GONZÁLEZ, PRESIDENTE DEL GOBIERNO DE ESPAÑA, LUCHADOR INFATIGABLE POR LOS DERECHOS DEL PUEBLO Y POR LA ARMONÍA Y AMISTAD, ENTRE SU PATRIA Y LOS PUEBLOS DE AMÉRICA.

•

PARA IGNACIO MORALES LECHUGA, PROCURADOR GENERAL DE LA REPÚBLICA, SERVIDOR PÚBLICO Y MEXICANO DE ALTO MÉRITO, CON GRATITUD Y AFECTO.

A T E N T A M E N T E .

OCTAVIO AGUILAR DE LA PARRA.

A Juan Carlos I, Rey de España,
que ha hecho posible la convivencia
histórica entre el pasado, el presente
de México y España.

CONTENIDO

PREAMBULO

La figura de Cortés en todos sus aspectos ha sido discutida y examinada por numerosos escritores, historiadores e investigadores de ayer y de hoy. Con pasión, en pro y en contra, con pruebas o sin ellas, con simpatías y enconos.

Sería casi imposible, dentro de las limitaciones de un trabajo no destinado en forma exclusiva a ese propósito, examinar, así fuera someramente, lo cierto o incierto de tantas expresiones. Por éso y sólo de paso, nos detendremos en algunas opiniones, con el propósito de ilustrar nuestro estudio.

La ameritada maestra e historiadora Eulalia Guzmán, ha realizado trabajos muy importantes sobre el tema, ubicándose decididamente en contra del extremeño.

Promotora y descubridora de los restos auténticos o supuestos del último emperador azteca, Cuauhtémoc, la señora Guzmán despertó el interés nacional sobre esta etapa de nuestra historia. Con encomiable empeño y tesón, removió las cenizas de la conquista para hacer resaltar la figura de quien ha sido considerado como el primer mexicano de la historia, Cuauhtémoc. Nuestro respeto para doña Eulalia.

La investigadora, en cierto modo puede equipararse al ilustre Francisco Xavier Clavijero, quien fue el primero en ofrecernos en forma vivaz y carente de pasiones, o como él decía "sin filias ni fobias,"La imagen de Cortés y sus descendientes, tratando en forma similar este punto en lo concerniente a Cuauhtémoc.

Se debe reconocer igualmente la labor investigadora de

William H. Prescott (1796-1859), quien despertó el interés de los estudiosos de la historia sobre el tema de la conquista.

*Entre sus libros figuran la "***Historia de los Reyes Católicos:***" "***Historia de la Conquista del Perú***" y "***Felipe II.***" Su obra es valiosa e interesante.*

A través de Angel Calderón de la Barca, embajador de España en México, sostuvo correspondencia con don Lucas Alamán y Joaquín García Icazbalceta. A Prescott se debe la publicación de la obra **La Vida en México,** *de la Marquesa Calderón de la Barca.*

No puede subestimarse a don Lucas Alamán que, si bien es muy parcial hacia el conquistador, nos ofrece valiosos datos y analiza acuciosamente lo dicho por Prescott, a quien le dedicó casi un libro entero.

Destaca igualmente en el mapa cortesiano ese gran escritor que fue Salvador de Madariaga, posiblemente el español más ilustrado sobre el México precortesiano y autor entre otras obras, de **El Corazón de Piedra Verde** *y de una biografía del conquistador. Salvador de Madariaga, el gran artífice de las letras españolas contemporáneas, en su libro,* **Hernán Cortés,** *imagina un diálogo entre el Quijote y el joven don Hernando que, interpretado, puede estimarse que el famoso hidalgo tuvo rasgos concidentes con el aventurero de Extremadura. No escapa la posibilidad de que el escritor de Alcalá de Henares, entre los muchos personajes reales en que inspiró su obra, hubiere también pensado en don Hernando.*

Carlos Pereyra, objetivo y muy centrado, provocó también gran interés sobre el asunto, y dice: "Cortés pensó que la caña de azúcar prosperaría en Coyoacán, pero, al desengañarse, puso todo su empeño en llevar las empresas de cultivo a Cuernavaca y a Cuautla.

"Se le debe por tanto, el origen de las riquísimas plantaciones de estos valles." "Establece el ingenio de Tlaltenango. Abandonado tiempo después por su hijo Martín, al darse

cuenta de la superioridad que tienen los terrenos de Atlacomulco adquiridos por él. Como ganadero, se sabe que Cortés explotaba crías de caballos, vacas y ovejas. En Acapulco fabricó las naos San Miguel y San Marcos".

Desde Prescott y Helps, norteamericano uno e inglés el otro, se ha venido manifestando la reacción contra los que veían en Cortés un monstruo de crueldad.

Hablando de crueldades, podríamos recordar un párrafo de Bernal Díaz del Castillo que dice: "Paz —decía Xicoténcatl— ciertamente la celebraremos. Venid a Tlaxcala en donde está mi padre. Allí haremos las paces hartándonos de vuestras carnes y honrando a nuestros Dioses con vuestros corazones".

Fray Bartolomé de las Casas, (1474-1566) que llegó a Cuba con la expedición de Diego de Velázquez y que gracias a él se logró la expedición de "las leyes nuevas" a favor de los nativos y en contra de los encomendados, publicó también el discutido libro ***Brevísima relación de la destrucción de los indios,*** *que dió orígen a la "leyenda negra" de España. Como todos los escritores de su época fustiga a los conquistadores españoles o a la mayor parte de ellos, desde su muy justo enfoque y posición de la doctrina cristiana. Para ellos prevalece sobre la fuerza de las armas, el evangelio, sin darse cuenta que sólo a través de las armas podía triunfar el evangelio.*

Además, debemo recordar que de Las Casas no fue testigo de la conquista de México pues llegó por primera vèz al país en 1532; después se fue a Guatemala y al Perú.

Igual es el caso de Toribio de Benavente, llamado Motolinía, nombre que adoptó, porque así le llamaron los indios al ver la humildad con que vestía. El vocablo náhuatl quiere decir pobre; se ignora el año de su nacimiento. También recorrió el país hasta llegar a Guatemala. Fue de los fundadores de la ciudad de Puebla y escribió la historia de los indios que se conoce con el nombre de ***Memoriales*** *y en náhuatl* escribió **Martirio de los Niños de Tlaxcala.** Motolinía llegó a México poco después de la conquista.

Debemos incluir en este grupo de Fray Jerónimo de Mendieta (1534-1604) quien llegó a México en 1554 y publicó su **Historia Eclesiástica Indiana;** realizó investigaciones y recopiló datos, se dice, de los propios labios de Fray Andrés de Olmos. Finalmente, de este grupo de escritores religiosos debemos mencionar a Sahagún, (Juan Francisco Sahagún de Arévalo Ladrón de Guevara) quien fue el primer cronista de la Ciudad de México, nombrado en 1733 por el virrey don Juan de Acuña, Marquéz de la Casa Fuerte.

Su verdad, la verdad cristiana, era la meta buscada por todos ellos para derrocar la idolatría. No podían admitirse dentro de este concenso, crueldades ni muertes. Su estandarte enarbolaba piedad, comprensión para instituir la fe católica entre los naturales. Queda muy claro que no podían entender, ni admitir ningún método, ningún proceso que se apartara de este camino. Por otra parte, resulta evidente que el sometimiento que la conquista urgía no podía realizarse con oraciones.

Sobre el mismo tema, no se pueden olvidar, situados en diferentes planos, a José Vasconcelos, quien consideró a Cortés como "el creador de la Nación Mexicana"; Alfonso Teja Sabre, el conspicuo historiador que hace un análisis muy certero de la personalidad de don Hernando; Héctor Pérez Martínez, el escritor campechano y político que se mueve entre los que no simpatizan con Cortés. Esta situación avala su gran admiración y elogio para el último de los emperadores aztecas.

En otro plano, con relación a lo mismo, Fernando Benítez, en su libro "La ruta de Cortés", dice: "La ciudad de México vive hoy una de sus grandes crisis históricas. Penélope, en diez años ha destruido y construido más edificios que todos los que se hicieron en cuatro siglos... mas ya es tiempo de que fatigados de tan largo viaje nos detengamos a contemplar en un recodo de nuestras montañas, la milagrosa ciudad tendida en el regazo de su valle... la tela de Penélope aún no acaba de tejerse".

..."Coatlicue y las piedras viejas siguen animadas y terribles. Continuarán la ciudad y el campo librando sus batallas. Sus contrastes internos serán más violentos o menos ásperos. La tela simbólica quedara concluida el día en que los mundos antagónicos, por fin integren uno sólo".

Merece atención el profundo aunque breve estudio realizado por Miguel León Portilla sobre crónicas y datos históricos aportados por varios descendientes directos de nativos protagonistas y actores en la conquista de México y también del Perú. En su libro, **El Reverso de la Conquista,** su autor ofrece aspectos no solamente importantes, sino también desconocidos del dramático encuentro, que al fin sólo podía resolverse como ocurrió: vencedores y vencidos.

Difícil resulta abordar desde un mirador hispánico un episodio sobre el que solamente pudieron escribir como testigos presenciales de la conquista de México cuatro personas: El propio Hernán Cortés, en sus **Cartas de Relación al Rey de España,** Francisco Aguilar, compañero de Cortés, quien profesó y se hizo fraile dominico después de la conquista; vino con él de la isla de Cuba. A los ochenta años escribió la **Relación breve de las Indias, sobre la Conquista de México.** El original se conserva en la biblioteca de "El Escorial", Bernal Díaz del Castillo, el soldado cronista, autor de la **Historia Verdadera de la Conquista de la Nueva España** y Jerónimo de Aguilar, a quien nos referiremos más adelante.

No quiere decir lo anterior, que sean ellos los únicos capaces y autorizados para relatar esta parte de nuestra historia, pero indudablemente, con ellos se inicia el estudio de la investigación de lo que posteriormente se han escrito volúmenes.

Las cinco cartas, llamadas de "relación" que envió Cortés al rey de España a raíz de su llegada a las nuevas tierras que serían de su dominio, fueron sustanciosa crónica de la colosal aventura. Han ido de mano en mano, de museo en museo a través de cuatrocientos años. Cuatro de ellas, debidamente comprobada su autenticidad, se encuentran en el códice de la Biblioteca Imperial de Viena, que ahora, por razón natural, ya no es imperial, sino de la República de Austria. La primera de esas cartas que leyó el rey y asombró a Europa, frente a las maravillas escritas, anda perdida. Algún día aparecerá por allí, que es lo más deseable, o quizá sea por cualquier motivo ya irrecuperable.

Esta primera carta, con buen ojo y previsión ha sido sustituida por otra, que es un informe enviado al monarca el 10 de Julio de 1519, no por Cortés, pero sí por sus hombres, en este caso, el Justicia Mayor y los ediles instalados legalmente en la Villa Rica de la Vera Cruz, donde fue establecido el primer ayuntamiento de América en tierra firme.

No se sabe cómo pudo perderse esta primera carta, porque en 1868 existían las cinco, y fueron publicadas en París por Pascual de Gayangos, con ilustraciones hechas por él mismo. Es notable la trasgiversación de los nombres primitivos de diferentes lugares del viejo Anáhuac, que ha venido ocurriendo a través del tiempo. Esto se debe indudablemente a que los españoles no podían pronunciarlos y los cambiaban por otros si bien parecidos, no exactos.

Francisco López Gomara, (1511-1566), autor de **Historia General de las Indias, Crónica de la Nueva España** y cuyos escritos sobre la conquista han sido fuente de consulta de casi todos los historiadores, no acompañó a Cortés en su empresa, pero le conoció posteriormente, siendo su confesor. Cuando el extremeño fundaba la Villa Rica de la Vera Cruz, en 1519, López de Gómara, tenía escasos ocho años de edad.

Don Francisco conoce a don Hernando en España, en 1541, cuando éste regresó a su Patria, triunfante, pero desi-

lusionado. Estuvo en la misma expedición desastrosa de Carlos v a Argel, y se convierte en capellán y confesor del Marquéz del Valle de Oaxaca, permaneciendo a su lado hasta el momento en que se le escapa del cuerpo su último suspiro, en Castilleja de la Cuesta en 1547. Pudo, por tanto, obtener de los propios labios de Cortés invaluables datos y noticias de la Conquista. Mal dispuesto en un principio hacia los indígenas, elogia sin reservas a Cuauhtémoc.

Jerónimo de Aguilar, natural de Ecija (1489-1530), naúfrago de la expedición de Micuesa, que tuvo lugar en 1511; iban de el Darién a la isla de Santo Domingo; se habían perdido él y otros quince hombres, además de dos mujeres; fue rescatado por Cortés y sus hombres en las costas de Yucatán, donde vivía entre los nativos en condición de esclavo.

Otro superviviente de la misma aventura, llamado Gonzalo Guerrero, sobrevivió igualmente, por aquellas tierras. Guerrero se negó a unirse con los suyos; estaba unido con la hija de un reyesuelo, y había procreado con ella tres hijos. Fueron inútiles los ruegos y argumentos de Aguilar, para que Guerrero desistiera de su decisión de permanecer al lado de los nativos.

Es comprensible. El español se había convertido en cacique y capitán, gracias a su unión. Vivía bien y se le respetaba. Aguilar, en cambio, entonces diácono, había vivido humildemente como cualquier esclavo, y la llegada de los suyos significó para él, su libertad. No había mucho que pensar para escoger.

La vida de Aguilar e increíbles aventuras en tierras mayas fueron parcialmente narradas por él mismo y enviadas a sus parientes y amigos de España después de la Conquista. Casi todas se perdieron, pero ya habían sido consultadas. (Información secreta levantada por Nuño de Guzmán 1528-1529).

Habían sido leídas por algunos historiadores que o bien las hurtaron de los archivos de Indias, o por cualquier otro medio tuvieron acceso a ellas. Alguna copia desteñida y car-

comida se conserva en la Universidad de La Habana, no faltando quien la estimara apócrifa, pero esto fue desmentido a su tiempo por algunos historiadores norteamericanos, quienes certificaron la autenticidad de la misiva.

Por este documento y algunos otros signados por la pluma de Jerónimo de Aguilar, pudo conocerse la trágica aventura de Valvidia y sus hombres; que este capitán fue, junto con sus compañeros, encerrados en jaulas con el propósito de cebarlos y cuando sus carnes se recuperaron, Valdivia fue el primero que, engordado, fue sacado por los nativos que lo guizaron y devoraron al compás de sus tambores primitivos y sus flautas de caña. Feroz canibalismo.

Jerónimo de Aguilar no tuvo sucesión legítima, pero se habla de dos hijas naturales, Elvira y Luisa, habidas con una india del pueblo de Topoyanco llamada Elvira Toznenetzin.

Su hija Luisa casó con Cristóbal de Oria. Tuvo las encomiendas de Molango, Xochicuauhtla y Mililan, al norte del Valle de México, concedidas en 1526 por órdenes de Cortés. Pasaron a poder nuevamente de la corona, por falta de heredero legítimo. Al parecer muere en 1531.

Aunque Bernal Díaz del Castillo, en su ***Historia Verdadera,*** *dice al referirse a la salida de Cortés para las Hibueras, actualmente República de Honduras (Noviembre de 1524-1526): "Como Hernando Cortés se hizo acompañar de muchos señores principales entre ellos de doña Marina, la lengua, porque Jerónimo de Aguilar ya era fallecido".*

La conocida historia de Bernal Díaz del Castillo sobre la conquista de México es libro de incalculable valor. De su obra parte lo medular y lo escencial de todo lo ocurrido en la prodigiosa empresa. Sin embargo, existen algunas contradicciones en lo concerniente a fechas y hechos, o lugares donde se establecen.

Esto tiene su explicación. Cuando el soldado cronista decidió escribir su historia, radicado en Guatemala, ya tenía más de ochenta años, y es normal, que en esas condiciones la memoria falle. Pero estas fallas deben considerarse mínimas ante la magnitud de la obra que nos legó.

Interesante artículo, sobre los restos de Cortés y los lugares donde estuvo sepultado, publicó el editorialista del periódico "Heraldo de México", Torcuato Luca de Tena, quien se manifestó como descendiente de Cortés, vía Martín, el hijo de La Malinche.

Otro importante artículo fue el publicado en el periódico "Excelsior" por el escritor Mauricio de la Garza, quien dijo, entre otras cosas al referirse al conquistador: "Prueba irrefutable de la vigencia de Cortés en la Historia de México, son las palabras del Presidente José López Portillo en oportunidad de exaltar la institución del municipio, que tuvo como punto inicial en nuestra América Hispana el puerto de Veracruz".

El conquistador, al fundar Veracruz convocó un cabildo que dió base legal a dicho acto y lo convirtió así en la primera dependencia oficial, constituida en América de la Corona Española.

Varios juicios recientes emitidos por miembros del sector oficial hacen resaltar también la figura del conquistador; así lo demuestra la placa colocada por el arquitecto Guillermo Rossell de la Lama, en funciones de Secretario de Turismo, en la entrada de la ex-hacienda de su nombre en Atlacomulco, Morelos.

"El Licenciado don José López Portillo, Presidente de la República Mexicana hizo posible en este sitio la primera reunión de españoles y mexicanos, quienes en su evento único en la historia contemporánea de México, consolidaron un pacto de amistad en niveles de igualdad y hermandad verdaderos".

Movidos por el deseo de investigar lo más posible este complicado tema, recurrimos a todas las fuentes que nos fue posible, sin olvidar, por supuesto, el Archivo General de la Nación. Pudimos comprobar así, desafortunadamente, *que en algunos casos las fuentes citadas por historiadores no existían, o que, cuando menos, no correspondían a los volúmenes o páginas señaladas. En otros, y esto es todavía más grave, han sido arrancadas páginas enteras presumiblemente por los propios consultantes. Lo anterior nc quiere decir que no existan del todo elementos de consulta. Los hay y muy valiosos.*

Otro tanto puede decirse de la Hemeroteca Nacional, donde se observa la ausencia de números completos de gacetas y periódicos. Existe material muy completo en las bibliotecas del Congreso y de la Secretaría de la Defensa Nacional.

Recorrimos y visitamos igualmente numerosos lugares que podían ofrecernos datos complementarios, viejas haciendas, tanto en ruina como restauradas, templos coloniales, monumentos de la misma época, cruzamos cartas con personas que podrían ayudarnos, como la princesa Sofía Monteleone, quien vive en Nápoles.

Nos entrevistamos con el Embajador de España en México, Eduardo Peña Abizanda, al igual que con el director de la biblioteca de Italia en México, el profesor Peconi. Consultamos varias bibliotecas particulares, como la muy completa y valiosa del licenciado Leonardo Pasquel; en fin, no omitimos ningún lugar, medio o persona a nuestro alcance para consultar y obtener el mayor acervo de datos para este trabajo, en el que forzosamente debería situarse la figura del conquistador como precursora del sistema económico-hacendario, que funcionó en México durante más de tres centurias.

La economía mexicana en todas las épocas, etapa colonial, hasta consumada la independencia nacional, estuvo estrechamente ligada al sistema hacendario. Las incontables haciendas que existieron a lo largo y a lo ancho del país con su producción y comercio, determinaron la economía de la nación en sus dos aspectos fundamentales: el interno y el externo.

Las haciendas no solamente establecieron el clima económico local, sino también social, influyendo notablemente en el político. De lo anterior se desprende, que para obtener una idea real y fundada del desarrollo socio-económico del país precisa estudiar el aspecto o sistema hacendario que se inicia a raíz de la Conquista y perdura hasta más allá del último tercio del siglo XIX.

El sistema que poco a poco se fue fortaleciendo se inicia en los primeros años de la conquista con las encomiendas, que fueron la base de su existencia. Los conquistadores reciben mayores o menores porciones de tierras con sus correspondientes dotaciones humanas, con indios, con alguna excepción que ocurre en un aérea comprendida en lo que actualmente es el Estado de Tlaxcala. El monarca español, por cédula real, prohibe los repartos en esa área para persona física, donde quedaban incluídos españoles, criollos y mestizos. Esta disposición parecería sorpresiva y fuera de la línea seguida por España, si no se justificara y relacionara con un hecho bien conocido: la alianza de los tlaxcaltecas con los españoles y el importante papel que desempeñaron como aliados suyos para efectuar la Conquista.

Deseó el rey con esta orden premiar a los naturales de aquellas tierras, prohibiendo repartimientos en su zona, con la intención de que ellos pudieran conservar lo más posible de las tierras de sus antepasados.

Sin embargo, no se sabe si por mero olvido o calculado plan, la majestad española no prohibía en la real cédula que esas tierras pudieran ser adquiridas, por cualquier vía, por órdenes monásticas y fue así como, tiempo después, Jesuitas y otros frailes se posesionaron mediante compras o mercedes, de las tierras tutelares de Tlaxcala. Con el tiempo también estas tierras fueron adquiridas, mediante ventas que siempre fueron buenos negocios, para levantar grandes haciendas entre las que sobresalieron las ganaderas y pulqueras.

Sorpresivo también resulta que sean autores extranjeros quienes a través de numerosos libros y publicaciones de tipos diversos, se hayan venido ocupando en los últimos años del sistema hacendario mexicano y sus proyecciones socioeconómicas. Lo anterior acusa su importancia y la necesidad de estudiar con mayor detenimiento estos dos aspectos y no, como por costumbre se ha hecho, exclusivamente el histórico. Así, podemos citar a Barret Ward quien publicó un libro sobre el marquesado del Valle de Oaxaca en el que penetra el aspecto económico de esa fundación. Hábil investigador, el autor examina los diferentes renglones que económicamente integraron su funcionamiento.

Nos da a conocer cifras y números relativos a la producción del azúcar en los diferentes ingenios que funcionaron, el número y calidad de los semovientes que cobijaban sus pasturas, sin dejar de mencionar a los negros esclavos que cultivaban sus tierras.

Se trata de un buen estudio con datos estadísticos muy importantes que posiblemente hayan perdido mucho de su contenido en la traducción que se hizo al español.

Podemos referirnos también a las publicaciones realizadas por el autor no solamente en México, sino en otros países del Caribe y Latinoamérica que fueron dominados por España.

Charles Harris logró igualmente un buen material para referirse a los grandes latifundios que existieron en México, dando como ejemplo y modelo el que perteneció a la familia Sánchez Navarro. Sus publicaciones son parte del acervo que en materia investigadora ha venido patrocinando la Universidad de Texas que tiene su sede en Austin. Muy meritoria labor de ese centro de cultura que en forma permanente sostiene este tipo de estudios contando con personal académico especializado, entre quienes en la actualidad destaca el doctor Stanley Ross, gran historiador, que es uno de los *escritores que más conocimientos tiene sobre nuestro país en sus aspectos etnológicos, sociales y económicos.*

Uno de sus libros de mayor éxito ha sido la biografía de Madero que abarca los más salientes aspectos, orígenes y motivos de la Revolución Mexicana; Lancaster, Jones Ricardo llevó a cabo un importante estudio sobre las haciendas que funcionaron a partir de 1550 en lo que hoy es el estado de Jalisco, haciendo resaltar sus aspectos de producción e influencia económica.

Michel Riley publicó un buen documentado estudio sobre Hernán Cortés, que no podría calificarse de biográfico ya que sólo se refiere al conquistador a partir de que éste fue Marqués del Valle de Oaxaca, hasta su muerte.

Muchos más son los autores extranjeros que en mayor o menor proporción se han adentrado en los estudios de esta importante fase de la historia de México: sus haciendas y el sistema que establecieron.

También habremos de referirnos a los autores e investigadores nacionales cuya obra, en conjunto, puede reconstruir todo un sistema y una época de influencia definitiva en nuestra integración como país.

Entre esos escritores, además de los que veremos después, destacan Manuel Romero de Terreros, atildado escritor, miembro de la Academia Mexicana de la Lengua. Entre sus publicaciones resulta notable ***Antiguas haciendas de México.*** *Romero de Terreros pertenece a un grupo elitista en su estilo literario y, además del aspecto histórico que en ningún momento descuida, mostró gran interés en el valor arquitectónico de las viejas construcciones, esto es, de las haciendas. Conjuga, en bien logradas exposiciones, lo que podría ser arte o historia.*

Manuel Payno, conocido escritor del siglo pasado, hace florecer en sus relatos la historia de una época inquieta del México independiente. Esta condición concurren sus novelas más conocidas: "El fistol del Diablo", y "Los bandidos del Río Frío".

José Ch. Ramírez, escritor y político, a quien tocó actuar durante muchos años en el medio de la industria azucarera, publicó estudios interesantes sobre esta materia con abundancia de datos estadísticos y técnicas empleadas en la producción. Su labor es muy meritoria.

Valentín López González, historiador de la ciudad de Cuernavaca y su cronista, realizó obra muy completa de la historia de la capital morelense abarcando aspectos de gran utilidad e importancia para la historia regional.

Don Artemio del Valle Arispe, literato, historiador y cronista de la ciudad capital hasta su muerte, es otro de los investigadores de muchos méritos. A través de sus escritos han logrado aclararse muchas dudas, ensanchando los horizontes de quienes se empeñan en estas labores.

Otro autor que debemos mencionar es Edmundo O'Gorman, cuya ininterrumpida labor a través de muchos años ha obtenido logros positivos.

Caso especial entre los autores extranjeros es el de Angelika Ertinger Parker, que en su libro, ***San Mateo Huiscolotepec a Piedras Negras*** *(Historia de una hacienda tlaxcalteca 1580-1979) de apenas ciento cincuenta páginas, ofrece una biografía de todos los autores que fueron consultados para escribirlo. La obra, a pesar de la brevedad, resulta muy completa. La autora maneja datos estadísticos con gran precisión, cita hechos complementarios y proyecta una visión panorámica de lo que fueron las grandes haciendas mexicanas.*

Un libro muy documentado, igualmente de autora extranjera, es el que lleva por título ***La hacienda de Huayapan*** *(1550-1936) escrito por Edith Boortein Coutier. En esta obra se captan aspectos y datos sustanciales del régimen hacendario de nuestro país, desde su iniciación hasta llegar al sistema ejidal de nuestros días. Se tratan con propiedad y amplio conocimiento los aspectos fundamentales del sistema,* *entre los cuales destacan:*

"La Colonización española en el siglo XVI", "Amalgama de la plata 1700-1780", "El Conflicto entre las poblaciones indígenas y las haciendas", "El influjo del cambio económico en el hombre", "La inestabilidad política y el programa de la Reforma Agraria", "Los ejidos sustituyen las haciendas" y "Retórica revolucionaria o explotación económica". Como podrá verse, la escritora no pasó por alto ninguna de las materias ni problemas que rodean el amplio tema del campo mexicano.

Resulta interesante la pequeña historia de un viejo trapiche ubicado en la zona de Cuernavaca, que fue adquirido por Juan Dubernard y le dió motivo para escribir un libro bien documentado que lleva por título **Santa Ana Amanalco.**

Seguramente la más completa historia biográfica de los gobernantes de México, desde antes de la conquista hasta 1910, fue el realizado por la Baronesa de Wilson, acuciosa investigadora; siendo esta obra la primera de su tipo. Desde 1519 a 1910, la obra fue realizada en oportunidad de la conmemoración del centenario de México independiente, cuando despachaba en palacio don Porfirio.

Debe mencionarse también otra obra de consulta muy valiosa: "México a través de los Siglos", que fue editada por la misma época y con idéntico propósito.

Posteriormente apareció la no menos importante obra de Ismael Casasola, **Historia Gráfica de México.**

Para concluir, debe mencionarse otro libro editado por casa "Excelsior" con gran acopio de fotografías y artículos que se titula **México en el tiempo.**

Podrían citarse muchos otros libros que nos sirvieron como obras de consulta para realizar este trabajo, así como para orientar y fundar nuestro dicho, ya que algunos resultan contradictorios a otros, por lo cual precisa valorar e investigar, hasta donde es posible, sus puntos de vista.

Las conclusiones a que hemos llegado, aceptando lo que

estimamos verdadero y omitiendo lo falso e improbable, dan como resultado este volumen que entregamos al lector con nuestro mejor propósito.

Expuesto lo anterior, sólo debemos agregar que cualquiera falla u omisión que pudieran encontrase han sido involuntarias, sin ningún propósito malsano o tendencioso y, por lo contrario, agradeceríamos mucho cualquiera orientación que al respecto se nos proporcionara.

La historia es simplemente historia, los hechos son y deben ser objetivos e inmovibles. Cuando éstos se alteran o deforman, el tema puede resultar más agradable, ausente de asperezas, pero ya no es historia. Pasan a emparentarse con la novela. Sin que deje de ser útil la historia novelada, que no es, en este caso, lo que tratamos de ofrecer.

O. A.

CAPITULO PRIMERO

LA SOMBRA DEL CONQUISTADOR

En las históricas correrías de Cortés por lo que hoy es el Estado de Morelos (1521-1526-1530-1535), no puede separarse el nombre del conquistador con el de San Antonio Atlacomulco.

Su sombra se proyecta sobre el ingenio azucarero que allí estableció y sobre la vieja hacienda (restaurada recientemente) donde inicialmente construyó su casa de campo y cultivó rubias crenchas de trigales, a la que se le ha dado su nombre.

Si bien es cierto que el que fuera honrado por su rey con el título de Marqués del Valle de Oaxaca no habitó por mucho tiempo en esos lares, también lo es que las varias temporadas que por allí vivió fueron provechosas para la región.

Impulsó cultivos, promovió trabajos en el campo abasteciéndolo de agua con la construcción de acueductos y, al fundar los ingenios de Axomulco y de Tlaltenango (1529, el primero en sociedad con Serrano de Cardona), colocó la piedra base de la industria azucarera en lo que en aquella época se llamó la Nueva España.

Hernán Cortés ha sido, durante más de cuatrocientos años, el ejemplo más duradero de controversias; mientras a unos les resuma hiel mano y pensamiento cuando escriben sobre el hidalgo, a otros les muere cierto espíritu de piedad y comprensión, sin que falte quienes abiertamente le elogien y defiendan.

La polémica ha ido de un siglo a otro, se rozan los extremos, y el conquistador de las tierras que dieron a España la gloria del Nuevo Mundo permanecerá, quién sabe por cuánto tiempo, sentado en el banquillo de la historia. El veredicto final está latente.

El nombre de Cortés queda fuertemente ligado a las primicias de nuestra historia, a raíz de la Conquista. Cuando Cortés arriba tocando el islote de Ulúa, a tierras del Anáhuac y funda enseguida la Villa Rica de la Vera Cruz, en 1519, representa y obedece a un rey que vive apuros y problemas en Europa: Carlos v para Alemania y ı para España; nieto de los reyes católicos, es hijo de Juana "La loca" y de "Felipe El hermoso", española y austríaco, respectivamente.

Al joven monarca, que no habla bien el español, no se le ve con agrado en las tierras de sus *ancestros* maternos. Su madre era la heredera legal de acuerdo al testamento de su abuelo Fernando, fechado en 1512 en Burgos, pero incapacitada para gobernar, pasa al mando de su hijo, quien es asesorado por el Obispo Adriano de Utrecht, Deán de Lovaina, (1515) experto en asuntos españoles y que, tiempo después, llegaría a ser Papa. Carlos había sido educado bajo la tutela de su tía Margarita, una Habsburgo. En 1516 fue proclamado rey católico a condición de que junto a su nombre apareciera el de su madre. a la que no había visto en los últimos doce años.

Su abuelo paterno era el Sacro Emperador Romano Maximiliano; los reyes de Dinamarca y Hungría, cuñados; los de Inglaterra y Portugal, sus tíos; el Papa, su protector. Al morir su abuelo Maximiliano, lo coloca a la cabeza de los Habsburgo. Esta extraña mezcla de circunstancias establece una sorprendente personalidad del monarca, hijo de una loca y de un hermoso. Fue el soberano de más de medio mundo conocido que le hizo pronunciar esa célebre frase: "En mis dominios no se pone el sol".

España estaba casi en bancarrota y las familias ricas y los banqueros se negaban a contribuir económicamente con el monarca.

El foco de interés público era la guerra con Francia, conducida por veteranos españoles. Pero el escenario de mayores batallas y triunfos era Italia, donde el poder español alcanzaba su primacía; la amenaza creciente estaba en Africa y se llamaba Barbaroja, sin menospreciar a los luteranos que cada día tenían mayor poder en Alemania.

La perspectiva de que Carlos V pudiera ser proclamado cabeza temporal de la cristiandad le ganaba adeptos en España, pero no riqueza. Hasta 1520, proclamado Sacro Emperador Romano, obtuvo algunos recursos económicos que apenas alcanzaron para cubrir los gastos más urgentes de la corte. Situación difícil.

Mientras todo esto sucede en España, Cortés avanza en la conquista; la dominación crece y, aunque no ausente de tropiezos, se va consolidando. Asoma el año de 1520 y manda a Carlos V, que estaba falto de recursos económicos, los primeros tesoros del nuevo mundo. El rey recibe los auríferos saludos de Cortés. El extremeño no olvida a su soberano, conoce el remedio para sus males. Así pues, le envía el primer cargamento de oro salido de las minas de la Nueva España. La remesa llegó en momentos cruciales. El rey debió haber lanzado bendiciones al aire hacia el poniente.

A Cortés se le menciona más como soldado cruel e inflexible que como legalista, creador del primer Ayuntamiento de América, (Veracruz, 1519); o explorador y descubridor de mares (Cuba, las Hibueras, el Golfo que lleva su nombre), fundador de industrias patrimoniales (ingenios azucareros de Tuxtla, Veracruz, Axomulco y Tlaltenango en lo que hoy es el Estado de Morelos), derrotado capitán a quien se le niegan derechos y muere, finalmente, triste, incomprendido, en su natal España.

La figura de Cortés resulta disímbola; hombre de muchas faces, siempre discutido. Ni después de muerto el Capitán General halla reposo. Su sino es la aventura. Vuelve a cruzar el océano, a escalar montañas.

Los huesos del conquistador, acatando sus deseos, fueron traídos a México por órdenes de Carlos V. Se depositaron en la Iglesia de San Francisco, en Texcoco; posteriormente en la de San Francisco de la Ciudad de México y, finalmente, en 1794, en el "Hospital de Jesús", fundado por él. Ahí se encuentra una estatua de Cortés, a la que nunca se le ha dado relevancia.

Años más tarde, en 1822, los huesos del Adelantado estuvieron a punto de perderse para siempre. Al calor de la Independencia Mexicana, algunos insurgentes pidieron, y la cosa llegó hasta el Congreso, que los restos fueran sacados de su tumba e incinerados en lugar secreto; que se borrara para siempre el nombre y pendón alusivos y, en una palabra, que no quedara ningún vestigio suyo en el Hospital de Jesús, que se olvidara que había estado sepultado el conquistador del antiguo Anáhuac.

La bullente idea no se llevó a cabo, debido en mucho a la intervención de don Lucas Alamán, Ministro del Interior y del Exterior de la naciente República, quien consideró, y así lo manifestó al Congreso, no era momento de revivir pasiones y rencores; que los restos del extremeño pertenecían a la historia de un pueblo y que, por otra parte, "que en Roma, Grecia y otras partes del mundo, jamás fueron destruidos los monumentos de la más remota antiguedad, aún cuando éstos no hubiesen sido favorables para los vencedores".

Al asunto, como suele decirse, "se le dió carpetazo y los restos se quedaron en México, en su sitio.

Durante cuatro siglos, el olvido se sepultó con ellos. Nadie los ha reverenciado, ninguno pudo florear su tumba, y cuando fueron redescubiertos e identificados (en 1946 entre otros por Alberto María Carreño), los investigadores dijeron: "Son los restos de Cortés". Y nada más.

Durante siglos su nombre ha sido sinónimo de ultraje, de opresión, de humillamiento a la libertad; contra él cargaron las iniquidades que posteriormente cometieron oidores, encomenderos, obispos, algunos virreyes y hasta generales españoles que se enfrentaron a la Independencia de México. Todo a la cuenta de Cortés.

Ninguna calle, ningún bronce en plaza pública, ningún recuerdo oficial hubo para el extremeño durante siglos. El genial escritor colombiano Germán Arciniegas, en elogio a México, comenta en uno de sus libros que mientras en Perú el corazón del conquistador Francisco Pizarro se guarda con reverencia en la Catedral de Lima, desaparecieron los restos del patriota indio Atahualpa y en nuestro país no hay nada que recuerde públicamente a Cortés.

En fechas relativamente cercanas, algunas cosas lo recuerdan, dos cortas y escondidas calles, una estatua dentro de propiedad privada (la que está en Cuernavaca en terrenos del Hotel Casino de la Selva, ordenada por su propietario, don Manuel Suárez) eso y tal vez algo más, que ignoramos, en alguna parte del país.

La que fuera su aliada, como intérprete y esposa en amor libre, "La Malinche", ha pasado a la historia como emblema de traición y desprecio. Tuvo mala suerte con la historia el hidalgo, honrado en vida, único honor que le otorgaron sus paisanos, como Marqués del Valle de Oaxaca.

Francisco López de Gómara y Bernal Díaz del Castillo, que no están muy de acuerdo entre sí al narrar la historia de la conquista, fueron sus compañeros y lo trataron de cerca; el primero fue su secretario y capellán. Lo describe como "hombre de buena talla, de gran pecho, color ceniciento, barba clara, cabello largo, destreza en las armas, muy dado a las mujeres, muy alegre, gran comedor y templado en el beber, gastaba liberalísimamente en toda clase de antojos; vestía pulido y limpio, buen católico y tuvo en la guerra buen lugar y en la paz también"

Agregan ambos que, aunque enérgico, jamás fue altanero con sus tropas y capitanes; que no solía alterarse ni empleaba castigos sin razón. En esto coinciden.

Sin embargo, en el famoso fresco del Palacio Nacional de México, pintado por Diego Rivera, se ve un Cortés contrahecho, de figura grotesca, piernas flacas y rostro repulsivo. El pintor lo dibujó como se lo imaginaba, o tal vez como deseaba que hubiese sido. Algunos historiadores, sin ninguna base ni antecedentes que pudieran refutarse auténticos, aseguran que padecía sífilis.

Contra este aserto se levanta una prueba contundente: todos sus hijos, que con posterioridad actuaron en México, fueron hombres sanos y bien proporcionados; hablamos de los dos Martines, Luis, María Catalina, Juana, Eleonora y por lo menos tres o más que tuvo con nativas, en Cuba y en México.

Estas cosas no deben asustarnos, es la venganza de los vencidos y resulta justificada. Cómo haya sido Cortés físicamente, no importa; si era feo, huelga decir que no pretendía ser hermoso; si padecía alguna enfermedad, ésta no le impidió consumar la conquista y recorrer miles y miles de kilómetros para lograrla. ¿Lo habría podido hacer un enfermo?.

Lo que cuenta son sus hechos, abultados o empequeñecidos por sus críticos. Su pecado mayor fue el haber ordenado la ejecución del emperador Cuauhtémoc (1525 en Isancanac). Es el Cortés, lo mismo heroico que cruel, el Cortés creador y destructor de culturas, el Cortés que inicia una nueva etapa y líquida la que encuentra a su arribo. Hombre de polémica vigente.

Recordemos que don Hernando participó en la conquista de Cuba (1511) por órdenes de Diego Colón, Virrey e hijo del almirante. El jefe de esta expedición fue Diego Velázquez, quien según López de Gómara se enemistó con el alférez Cortés debido a su negativa de casarse con Catalina Juárez a quien había seducido y era cuñada de don Diego. La reticencia de don Hernando lo condujo a prisión hasta que finalmente aceptó desposarse. Entonces Velázquez le dispensó sus favores, le dió tierras cerca de Santiago, de cuya villa fue nombrado alcalde y quedó rehabilitado. Cosas de aquellos tiempos.

Un Cortés que para México debe forzosamente, con sus luces y sus sombras, ser motivo de juicios en su historia como iniciador de la conquista; que engrandece las glorias de España en el mundo de la época y que en cumplimiento de ese propósito tiene que someter y aniquilar todo lo que se le enfrenta, en este caso el Imperio Azteca, con sus dioses, cultura, y una civilización que tenía su lado positivo y el adverso.

Como a todos los conquistadores de la historia, a Cortés no se le podrá amar, pero resultaría difícil dejar de admirarlo, fundamentalmente tomando en consideración las condiciones geográficas y obstáculos humanos, a veces de su propia raza, en que le tocó moverse. Nadie podría negar que fue valiente y temerario; que supo llevar con honor sus triunfos y sus derrotas.

Con la cruz y la espada pasó al nuevo continente; espíritu aventurero que llenó las tierras descubiertas de proezas vividas con el mismo colorido que Cervantes pintó las del Quijote. ''Cortés constituye igualmente un símbolo al que no se le niega la sangre, el lodo y las amarguras, al que se hallan sometidos todos los hombres''.

Porque debemos recordar el episodio aquel, cuando Cortés al iniciar la conquista decide hundir sus navíos para evitar a sus marinos y soldados la tentación de la huída o del regreso. Algunos historiadores han negado esto, pero todo hace confirmarlo, como auténtico. No muy real desde luego la conocida frase de que ''Cortés quemó sus naves'', toda vez que, hombres de su confianza mandados por él como Juan de Escalante, y sin que el resto se diera cuenta las barrenaron, para que los navíos hicieran agua poco a poco y finalmente se hundieran.

Calculando efectos y resultados, el conquistador dejó un navío útil y en condiciones de navegar, diciendo a sus hombres, que quienes tuvieran miedo de seguir adelante, o simplemente por cualquier motivo desearan regresar a Cuba podían hacerlo en el barco. No faltó quienes se tragaran el anzuelo y manifestaran a don Hernando sus deseos de partir.

También hubo quienes se amotinaron como protesta del hundimiento de los barcos y sobre todo al saber, que el navío que había dejado Cortés sin hundir sería enviado a España cargado con oro al emperador y con cartas donde se acusaba a Diego Velázquez. Este navío iría bajo el mando de los procuradores Alonso Hernández Portocarrero y Francisco de Montejo (El Viejo).

Pero Cortés descubrió el motín y teatralmente lamentó su decisión, pero mandó ahorcar a los conspiradores entre quienes estaban Diego Escudero (que había sido criado de Velázquez), Juan de Cermeño y Gonzalo de Hungría, quien sólo fue mutilado.

En estos hechos históricos coinciden Bernal Díaz, Las Casas y Fray Francisco de Aguilar.

El primero de ellos agrega que el conquistador en aquellos momentos pronunció esta frase: "¡Oh, quién no supiera escribir para no firmar muertes de hombres". Como quiera que se vea o analice, este hecho inicial de la conquista resulta por su temeridad heroico. Aún los más despiadados historiadores enemigos de Cortés, como Gonzalo de las Casas, y el norteamericano William H. Prescott, han tenido que reconocer las dimensiones de valor y heroicismo del hundimiento de las naves ordenado por el extremeño. Su decisión le condenaba a quedarse en país extraño y enemigo anudado a dos propósitos: Vencer o Morir.

Que Cortés era un apasionado de la caña de azúcar es algo bien comprobado. Se le reconoce como el iniciador de lo que con el tiempo llegó a ser una de la grandes fuentes de riqueza nacional. Hacia 1527-1529 en Tuxtla, Veracruz, el conquistador logra establecer, no sin grandes contratiempos y esfuerzos, el primer ingenio azucarero en la Nueva España.

La caña nos llegó vía Santo Domingo, donde ya funcionaban trapiches productores de piloncillo o panela y se producía alcohol que sólo podían resistir gargantas muy entrenadas para esos fines.

Con el tiempo, la química fabricó el ron y otros menjurjes, a quienes la publicidad se encargó de darles vuelo; "habaneros", "camagüeyanos", oriundos de Cuba, y aquí en México diferentes tipos de licores. Los publicistas hacían de las suyas: "De los astros el sol, de los habaneros Ripoll"

Como es de suponerse, los indios recordando tal vez el aguamiel, pronto se aficionaron al aguardiente, cosa inconveniente para los españoles, porque los apartaba de sus labores y provocaba alborotos.

Se prohibió en consecuencia su comercio entre ellos; disposición que afectó hasta a las mieles, para que los derrotados no pudieran elaborar alcoholes. Aquí debió nacer su comercio ilícito hoy conocido como contrabando y venta clandestina.

La caña de azúcar, que según se sabe, es originaria de la India, llegó a América a raíz de su descubrimiento por Cristóbal Colón. Se le estimó, y lo era, inapreciable fuente de riqueza; una frase de la época grita su importancia:

"Sin la flota no puede haber conquista,
pero sin azúcar no puede haber flota".

La caña es tan vieja como la historia. Cuando Alejandro Magno, llamado también "El Grande", en sus andanzas por el Asia Menor se encontró con ella, la bautizó con el nombre de "miel de planta". Posteriormente floreció entre los pueblos mediterráneos, las Islas Canarias y otros lugares.

Sabido es que para cultivar este producto resulta necesario el clima húmedo y caliente. Pero a Cortés le gustaba experimentar en sus tierras de Coyoacán, en el alto Valle de México la hizo sembrar (1524) sin obtener éxito.

Por aquellos años (1528), don Hernán vuelve a España acompañado de dos hijos de Moctezuma, treinta y nueve jóvenes, hombres y mujeres de las familias indias más distinguidas y de su primogénito Martín, procreado con la Malinche. quien sólo contaba con siete años de edad, a quien dejó en la corte sirviendo al Emperador. Estuvo Martín en las guerras de Argel, Pavía y de Alemania; fue herido varias veces. Se casó con doña Bernardina de Porres; le fue otorgado el hábito de Santiago y fue legitimado por una bula de Clemente VII.

Iba Cortés a España en demanda de justicia, agobiado por las maniobras y chismorreos prohijados en su contra por el contador Estrada, quien se decía hijo de Fernando el Católico y mostrábase ambicioso de mando y riquezas; así como por el factor, Gonzalo Salazar y su compañero de gobierno, el Veedor Pedro Almindez Chirino, el escribano sevillano, Diego de Ocaña; el gobernador de Pánuco, Nuño de Guzmán, que llegó a ser presidente de la Primera Real Audiencia de México, y por si esto fuera poco, tenía en su contra al Obispo de Burgos, Juan Rodríguez de Fonseca, que era el responsable de todos los asuntos de Indias, por órdenes de Adriano de Utrecht quien, en ausencia de Carlos V, gobernaba a España.

Estos y otros enviados reales que llegaron cuando él ya había conquistado estas tierras. Las intrigas del gobernador de Cuba, Diego Velázquez, hacían igualmente blanco contra él, y hasta su católica majestad habían llegado estas denuncias convenientemente aderezadas.

Desde 1526, el Emperador había mandado a la Nueva España al licenciado Luis Ponce de León, con funciones de juez, para que le notificara al conquistador, que venía a formarle juicio de residencia.

El rey ordenó también al Almirante don Diego Colón, que embarcara para Veracruz con tropas bien pertrechadas, autorizándolo para que aprehendiera a Cortés, si éste negaba obediencia.

Los amigos de Cortés, movidos por su padre don Martín, entre ellos don Alvaro de Zúñiga, Duque de Bejar, lograron aplacar al monarca, quien sólo ordenó su regreso a través de una carta personal.

Dato interesante, a propósito de la formación del juicio de residencia en contra del conquistador, instaurado el 4 de julio de 1526, apenas dos días después de la llegada de Luis Ponce de León, es observar que el pobre don Luis "falleció" el día 20 del mismo mes. Don Luis. en sus últimos días en este mundo, fue regalado con opíparos banquetes y tal vez, el pecado de la gula, mezclado con alguna hierbita vengadora, lo llevó a la tumba. Recordemos que don Hernando fue acusado (sin que nada pudiera comprobársele) de envenenador.

No huelga agregar que, muerto don Luis, se nombró para sustituirle a un tal Marco de Aguilar, que arribó cargado de poderes, con capa de inquisidor y dispuesto a hundir a don Hernando.

Mala suerte, también, la de don Marco, quien a poco tiempo de su llegada, en condiciones poco explicables, falleció.

Era necesario hablar con Carlos v; Cortés logró en parte su propósito. Arribo a España, cuando estaba acusado, entre otros cargos, de querer levantarse con las tierras conquistadas. Esto produjo una verdadera sorpresa al emperador y a la corte. Desembarcó en el Puerto de Palos en el mes de Mayo de 1528.

El y su numerosa comitiva se hospedaron en el convento franciscano de Santa María de la Rábida. El mismo que años antes acogió a Cristóbal Colón, y los franciscanos encabezados por su superior, Fray Juan de Marchena, le ayudaron a conseguir fuera recibido por los Reyes Católicos para exponerles sus planes de descubrimiento. Por allí llegó después Francisco Pizarro, su primo, quien iba a embarcarse hacia el Nuevo Mundo; en su futuro palpitaban cuatro letras: PERU.

Por todo el camino Cortés, su pequeño hijo Martín y acompañantes fueron objeto de entusiasmo y felicitaciones, que aligeraron la pena que agobiaba a don Hernando por la reciente muerte de su padre. Pero sobrevivía su madre, Catalina Pizarro, que lo recibió emocionada en la población de Mérida, y al momento de reunirse con él, derramó lágrimas y ternura que emocionaron e hicieron también brotar el llanto de los secos ojos del Capitán General.

Carlos v que, como es lógico suponer, ardía en deseos de conocer en persona a Cortés, desechó el protocolo de las audiencias reales y lo recibió inmediatamente sin cubrir las acostumbradas esperas. De rodillas, el vencedor de Tenochtitlán, iba a comenzar el relato ante su rey; pero éste no se lo permitió y le hizo levantarse.

Estaban frente a frente dos triunfadores: El monarca ganador de Pavia y captor del rey de Francia, Francisco, amo de España y de los países bajos, y Cortés, descubridor de inmensas tierras, e iniciador de la fe cristiana en un continente que iba a determinar la grandeza de España.

Le fue concedido el tratamiento de don, un escudo de armas, el título de Marqués del Valle de Oaxaca, reconfirmado su nombramiento de Capitán General de la Nueva España, Caballero de la orden de Santiago, veintidós villas y veintitrés mil vasallos. Por si ésto fuera poco, el emperador le dió grandes muestras de consideración y afecto y fue a visitarlo cuando estuvo enfermo sin permitir que se incorporara para proporcionarle una silla. Hizo también que don Hernando tomara asiento junto a él, durante una misa solemne a la que asistía la corte, en la Catedral de Toledo, quedando así el rey enmedio de su vasallo de América y el príncipe soberano de Alemania, Maximiliano.

Viudo como era de Catalina de Juárez, fallecida en Coyoacán en condiciones un tanto misteriosas (se le acusó de haberla envenenado) contrae nuevo matrimonio con Juana Zúñiga, hija del Conde de Aguilar, don Carlos Ramírez de Arellano y sobrina de don Alvaro de Zúñiga, Duque de Béjar, amigo suyo y de su padre. Cortés acompañó hasta Barcelona a Carlos v, que se dirigía a Roma a recibir la corona imperial. (Poco antes), el activo don Hernando había enviado a su Santidad valiosísimos regalos, como para hacerlo olvidar los disgustos que le causó su soberano, quien después de invadir Roma lo mantuvo en prisión durante siete meses; lo presionó para negar el divorcio a Enrique VIII, casado con su tía, Catalina de Aragón, y exigió, además, que pusiera sobre su cabeza la corona imperial.

Acordó también Cortés, el 27 de Octubre de 1529, una capitulación con la reina gobernadora, doña Isabel de Portugal (esposa de Carlos V), para el descubrimiento, conquista y población de las islas del Mar del Sur.

No ignoraba el astuto extremeño la fuerza incontenible de la Iglesia, y mientras Carlos V, humillaba al Papa Clemente VII, obligándolo a coronarlo, Cortés le enviaba, por conducto de Juan de Roda, sus respetos y saludos personales y junto con ellos, deslumbrantes obsequios, donde el color amarillo del metal y el verde de las esmeraldas de América eran halagadores. Conmovido su Santidad por la esplendidez y reverencia de su siervo, se mostró igualmente generoso y le ortorgó tres bulas: En una le concedía el patronato del Hospital de la Purísima Concepción de México y demás iglesias y hospitales que fundase, así como los diezmos y primicias de las tierras que le había dado el emperador don Carlos; otra le concedía diferentes gracias al Hospital de Jesús y a su iglesia; la tercera resultaba más importante y posiblemente fue la más apreciada por Cortés; a través de ella se legitimaba a todos los hijos que el conquistador hubiese procreado con diferentes mujeres, sin importar que éstas fueran nativas o españolas. Pero el Papa en su apóstolica gratitud, no olvidó al emisario, que aunque posiblemente debe haber sustraído con anticipación algunas baratijas del tesoro que le fue encomendado, también recibió, además de la bendición del Papa, el nombramiento de Conde Palantino de la Santa Sede. Sin olvidar que el viaje de regreso sería largo y costoso para un nuevo Conde, ordenó el Príncipe de la Iglesia que le fueran entregados, con la debida discresión, en una bolsa de lona, varios ducados de oro que hicieran digno y placentero el retorno.

Todas estas cosas motivaron envidias y acusaciones contra Cortés de quien llegó a decirse había logrado para sí buena parte del misterioso tesoro de los emperadores aztecas, con lo cual pudo obsequiar a reyes, a muchos nobles y hasta al Papa.

De aquí parte también la hipótesis de que cuando, presionado por sus capitanes, entre ellos, Julían de Alderete, hizo dar tormento a Cuauhtémoc, él ya se había apoderado de buena parte de lo que se exigía revelar al prisionero, el tesoro de la corona azteca, hasta hacía poco en poder de Moctezuma. Entre obsequios y extravagancias, se sabe de la fundición de un cañón de oro y plata, "El Fénix", que fue obsequiado por Cortés a Carlos v, con un grabado que rezaba:

"Aqueste nació sin par
yo en serviros sin segundo,
vos sin igual en el mundo".

Otras joyas, de incalculable valor, fueron enviadas a la reina y a las infantas y sobró todavía para obsequiar con piedras preciosas, que envidiaría la propia soberana, a su última esposa doña Juana Zúñiga.

Objeto de tantas distinciones y casado ya con doña Juana y después de permanecer en su país natal por más de dos años, emprendió Cortés el viaje hacia la Nueva España, sin atender la órden que se le dió de esperar la nueva audiencia. En Santo Domingo aguardó, durante dos meses y medio, a dicha audiencia, pero como no llegaba, se hizo a la vela y desembarcó en Veracruz el 15 de Julio de 1530.

El Capitán General vuelve a sus tierras conquistadas, pero no trae consigo nombramiento de Virrey, ni ningún otro que estuviera por arriba de la real audiencia. Sólo es Marqués, poseedor de bastas tierras e indios para laborarlas. De Veracruz emprende el viaje hacia el altiplano. Lo acompaña un gran séquito, donde los indios suman miles.

Doña Juana queda deslumbrada con los paisajes que contempla a lo largo de la ruta y se empavona con las muestras de adhesión a su marido. Pero antes que éste llegara a la Gran Tenochtitlán, la noticia de su retorno puso a temblar a los oidores Matienzo y Delgadillo, que estaban en contra de Cortés, e iniciaron sus preparativos de guerra para "defender" a la ciudad de México, planeando capturar a Cortés, y reembarcarlo a España, acusándolo de alborotador y sedicioso.

Calmó a los oidores una cédula de la reina Isabel de Portugal que prohibía a Cortés y a su mujer entrar en la Ciudad de México o acercarse a ella a menos de diez leguas. Un notificador oficial, con buena escolta y escribano, le notificó a Cortés, al llegar a Tlaxcala, el acuerdo de su Majestad (Posiblemente ya lo sabía él por boca de la propia reina, pero prefirió ignorarlo).

Cortés frunce el ceño, lanza juramentos, pero acata la orden, que debe tener algo de "divina", porque los reyes lo eran por aquel tiempo "por la gracia y voluntad de Dios"; así puede explicarse que desairara el consejo de algunos de sus acompañantes que deseaban que don Hernando se coronase rey de las tierras por él conquistadas. El Marqués tiene que echar anclas en Texcoco donde pasa largo tiempo, quedando convertida la ciudad en una especie de segunda capital por el número e importancia de las personas que de todas partes llegaban a visitarlo. Prohibieron los oidores que se llevaran víveres a Texcoco, haciéndole al conquistador difícil su situación, que llegó a punto crítico y el hambre comenzó a hacer sus estragos, a pesar de que algunos indios amigos del extremeño, exponiendo su propia vida, acudían para llevarle legumbres y aves de corral. Contribuyó mucho a conservar la paz en tan duras circunstancias el Obispo Fray Juan de Zumárraga, quien supo aconsejar prudencia en momentos difíciles.

En los primeros días de Enero de 1531, al fin, llegaron a Veracruz los oidores de la nueva audiencia, quienes pusieron término con su arribo a las angustias de Cortés ya las intrigas de sus antecesores.

Así las cosas, don Hernando planea un futuro más digno y propicio para él y los suyos. Se asoma por Cuernavaca donde el clima es acogedor y la gente parece estimarle. Además, tiene todo el derecho para estar allí, porque en ese lugar comienzan las tierras de su marquesado. Al Capitán General no le place estar ocioso, recuerda lo de la caña y pone manos a la obra estableciendo lo que con el tiempo llegaría a ser la industria azucarera del país.

Pero no olvida que sigue siendo soldado, que es el conquistador, y desde allí planea nuevos viajes y la exploración de costas y mares. En su futuro se otea el Golfo de Cortés, con sus playas tupidas de palmeras, sus aguas transparentes donde anidan las perlas e interminables especies marinas que harán historia. Por orden suya, sale de Acapulco, con dos naves, Diego Hurtado de Mendoza (1532) quien descubre unas islas que bautizaron como Las Magdalenas, hoy penal mexicano conocido como Islas Marías.

La mala suerte fue con él; naufragaron los barcos y la mayor parte de sus tripulantes se ahogaron.

Mandó Cortés que saliera otra expedición de dos barcos en auxilio de la anterior, en Octubre de 1533, al mando de Diego de Becerra y Hernando de Grijalba. Partieron de Santiago, hoy Manzanillo, navegando por el Pacífico hacia el norte. Descubrieron varias islas, entre ellas unas que llamaron Las inocentes y otra de mayor importancia a la que dieron el nombre de Santo Tomás, que hoy se conoce como del Socorro. En esta travesía hubo motín a bordo y la tripulación, como bucaneros, pasó a cuchillo a sus jefes (mataron a Diego Becerra).

Al saber Cortés lo ocurrido, resolvió ir en persona para restablecer el órden y rescatar sus naves. De Cuernavaca se dirigió a la costa en Abril de 1535, y convertido como otras veces en marinero de aventura, se hizo a la vela hasta llegar al golfo que se mete en tierra firme y el largo brazo de la península de la Baja California. El mar en su honor, lleva hoy su nombre.

A pesar de que Cortés precisó con claridad que la Baja California era una península unida en su parte norte a tierra firme, casi cien años después, al editarse en Inglaterra el mapa de la América del Norte de Henry Briggs, en 1625, se le consideró una isla, error que prevaleció hasta el siglo XVIII en que el monarca español Fernando VII ordenó su corrección.

Pero ya antes, el misionero e incansable explorador Eusebio Kino había logrado demostrar este absurdo de considerar la basta península, situación comprobada por Cortés desde 1535.

Entre quienes contribuyeron a elaborar tan tremendo disparate pueden señalarse al padre Antonio de Ascensión, que acompañara a Vizcaino, así como a los informes contradictorios de Oñate, Juan de la Foca y Martín de Aguilar. Mas si se observa con propiedad el asunto, la culpa más que de ellos, que no eran geólogos, ni cartógrafos, fue de quienes siéndolo, tomaron tan a la ligera sus informes, sin realizar intento para comprobarlo.

Arregladas las cosas a su modo, el Capitán General regresa a Acapulco y se dirige nuevamente a Cuernavaca. El Virrey, don Antonio de Mendoza le felicita por su hazaña, a nombre propio y de la corona que representa. Por esos días Cortés recibió carta de su primo por rama materna, Francisco Pizarro, quien desde Perú le pedía auxilio para poder continuar la conquista de aquellas tierras, donde la situación se había hecho angustiosa. A pesar de que el Marqués del Valle también andaba en apuros y problemas, tendió con la prontitud debida la mano a su pariente, a quien envió dos barcos bien provistos de víveres y pertrechos al mando nuevamente de Hernando de Grijalva.

El disgusto que le causó a Cortés ver desconocida su autoridad de Capitán General por parte del Virrey de Mendoza, en lo relativo a la conquista de los territorios Cíbola y Quiribia, (tierras a quien la leyenda y la fantasía de aquella época conceptuaban como legendarios veneros de oro y riquezas), lo impulsó a mandar una nueva expedición, en 1539, al mando de Francisco de Ulloa, con tres barcos (sólo uno regresó), a seguir explorando las costas del Mar Pacífico del Norte. El Capitán de Ulloa, otro señor de la aventura, que encarnaba el valor y la fe de los descubridores, no volvió jamás de este viaje. Su muerte quedó envuelta en el misterio, pero algunos cronistas han asegurado que fue el primero que llegó a circundar la colosal península y que pudo perecer en manos de nativos o abatido por las furiosas tempestades del océano. No se supo más de él.

Planea don Hernando nuevo viaje a España para exigir justicia del rey.

Poco antes de su primer viaje a España, algunos cronistas afirman que el mismo Cortés (1525) colocó, no la primera, sino las primeras piedras de un palacio en Cuernavaca para que le alergara con la dignidad que se merecía. Lo cierto es que el palacio comenzó a edificarse, y mientras se levantaban los muros de aquella residencia, Cortés recorría la región y vigilaba los trabajos de sus cultivos de caña, tratando de imponerse a don Antonio de Serrano, en lo que se refería a la propiedad del Ingenio de Axomulco (1531), porque Cortés alegaba ser el único propietario por estar el ingenio en tierras del marquesado y haber engañado Serrano a los indios de esta región con una aparente compra-venta. El caso es que el Virrey don Antonio, aproximadamente en 1539, dictó una sentencia por la cual ordenaba que sólo una séptima parte se le entregara a Cortés.

Para mantener esta creciente industria, se requería mucha leña para sus calderas. Los oscuros montes comenzaron a talarse, sin que, dada su espesura, se notara. La mejor maquinaria disponible en esos tiempos se instaló, de segunda mano, (adquirida en Cuba) en Tuxtla, Veracruz, Axomulco y Tlaltenango.

En 1539 surgió un pleito entre Cortés y el primer virrey por asuntos del Marquesado, su jerarquía de Capitán General y cosas por el estilo. Cortés decidió viajar a España. Se embarcó en la Antigua en 1540, hinchando velas hacia la península; sería un viaje sin retorno, el último sobre el viejo océano. Y si es cierto que regresa rico, sólo logra un recibimiento pobre. Su patria le amarga la boca. Ya estaba viejo don Hernando. Iba acompañado de su segundo hijo Martín, quien tenía ocho años de edad, y con su otro hijo Luis, para servir al Príncipe Felipe.

Hizo buena amistad con el Cardenal Francisco García Loaiza y con el secretario imperial Francisco Cobos; el rey se encontraba en Flandes, haciendo planes con respecto a los problemas de Francia.

En 1541, Carlos v decide marchar nuevamente sobre las costas de Argel con una gran armada; Cortés acompaña a su rey, con su hijo Luis; se embarcan en la galera del almitrante de Castilla, la que casi naufragó por una terrible tormenta que arruinó la expedición.

Cortés y su hijo pudieron salvarse milagrosamente, pero perdió las esmeraldas de valor incalculable que llevaba consigo.

Esto no fue lo más penoso para el conquistador, sino la humillación que el emperador le hizo al no llamarle para asitir al consejo de guerra donde se acordó abandonar la empresa.

Un día, tras muchos intentos para ser recibido por el emperador, según lo narra Voltaire, corriendo con torpeza se aproxima a la carroza del soberano, posiblemente en demanda de audiencia. El rey no lo reconoce y pregunta; ¿Quién soís?. La historia, que siempre tiene algo de leyenda informa que el Marqués del Valle respondió: "Soy el hombre que te ha dado más tierras que besos te dió tu madre en tu niñez". Ciertamente no pudo haberlo mimado mucho su madre, ya que fue Juana "La Loca". Y lo estaba.

Después de aquel día, la vida del conquistador siguió en declive. Cansado de esperar en la Corte, sin fruto, resolvió regresar a México pasando por Sevilla, donde se reuniría con su hija María, cuya boda estaba concertada con don Alvaro Pérez Osorio, hijo del Marqués de Astorga. No hubo boda y esta pena, unida a las otras, hicieron que retornara enfermo a Castilleja de la Cuesta, donde muere el 2 de Diciembre de 1547. Tenía 62 años de edad. Sus restos se depositaron en el sepulcro de los Duques de Medina Sidonia, en el Convento de San Isidro, en Sevilla.

Los epitafios que sus hijos mandaron grabar rezan:

El Primero:

Padre, cuya suerte impropiamente
aqueste bajo mundo poseía,
valor que nuestra edad enriquecía,
descansa agora en paz, eternamente.

El Segundo:

Yace aquí el hidalgo fuerte
que a tanto extremo llegó
de valiente que se advierte
que la muerte no triunfó
de su vida con su muerte.

Ahora sí estaba realmente muerto don Hernando, no como años antes, cuando fue a las Hibueras (Centroamérica) y se corrió ese rumor; poco se conoce esta parte de la historia de don Hernando, pero lo cierto es que resulta fantástico, no sólamente porque denota cómo "se las gastaban" en esos tiempos cuando de inventar rumores se trataba.

Se hizo correr el rumor de que Cortés había fallecido durante la infortunada expedición, donde el único muerto de importancia lo fue el emperador Cuauhtémoc, a quien se acusó de rebelión. El caso es que, bajo el patrocinio del oidor y del veedor, se produjo el infundio de la muerte del extremeño, haciéndolo acompañar en el viaje sin retorno también por doña Marina, "La Malinche," que para esas fechas ya le había dado un hijo, pero que, seguramente ignoraban los autores del cuento, y además el propio Cortés había promovido y efectuado la boda de "La Malinche" con Juan Jaramillo, durante el viaje (se efectuó en un pueblo llamado Ostoticpac, cercano a Orizaba).

La falsa noticia de la muerte de don Hernando se fabricó como correspondía a la época: "El señor Hernando Cortés ha muerto y su alma anda en pena por rumbos de Santiago Tlaltelolco". Ya son muchos, quienes lo han visto. Y como de penar se trataba, había que evitar al capitán general estas amarguras.

Las autoridades dispusieron que fueran celebradas cuantas misas hicieran falta para que su alma errante fuera redimida, pero como las misas para efectuarse requerían ayuda económica, se mandó llamar a Rodrigo Paz, alguacil, mayor y administrador de los bienes del "muerto", para que procediera a vender lo necesario para sufragar las misas. El administrador se negó a esto. Para convencerlo le desnudaron la espalda y lo azotaron; el castigo no fue suficiente para que su fiel empleado y primo desistiera. Lo ahorcaron. Al ser conducido al patíbulo, una joven española, hermosa, Juana de Mansilla, esposa del conquistador Alonso Valiente, que iba con Cortés en su expedición gritó a los asesinos: "Ya vendrá Cortés a vengarse". Eso es todo. A rastras la llevaron también para azotarla y medio muerta la deportaron a Cuba.

Para que el cuadro resultara más impresionante, corrieron la voz de que el alma errante del conquistador no andaba sola, le acompañaba el alma errante de "La Malinche", en su calvario, y fueron muchos los que juraron haberlos vistos tomados de la mano como figuras etéreas en las oscuras noches de la colonia, vagando no sólamente por México, sino también por Tlaxcala.

Cuando volvió Cortés, se armó el revuelo de los piadosos funcionarios; huyeron como gamos, mientras el conquistador tronaba de coraje. Recuperó sus propiedades vendidas, hecho que no le causó tanto disgusto como el que se hubiese asegurado que su alma andaba en pena; eso sí provocó la ira del Capitán General. Sin embargo, este hecho hizo reflexionar a don Hernando, porque a su tiempo ordenó en su testamento el sufragio de muchas misas para salvar su alma.

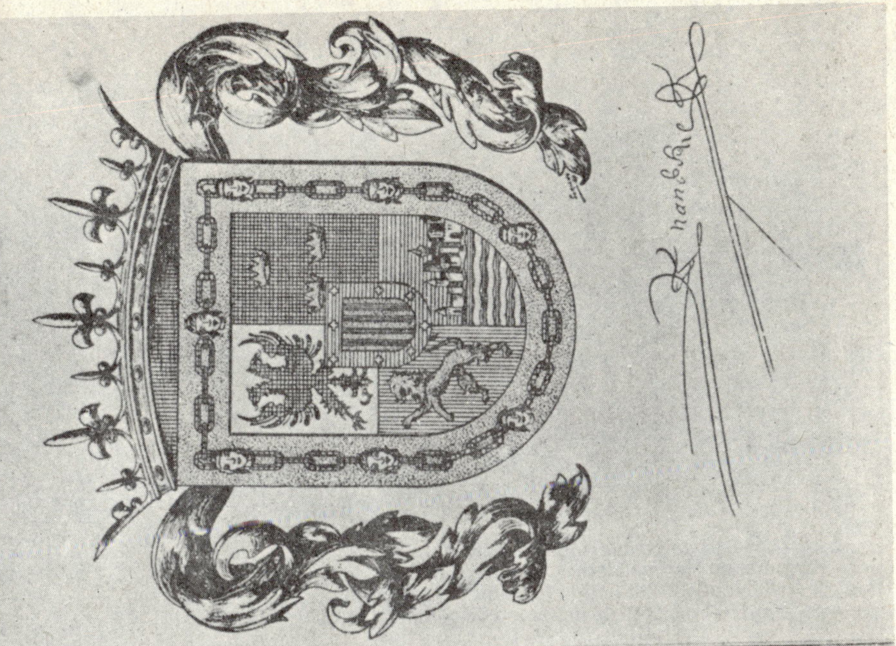

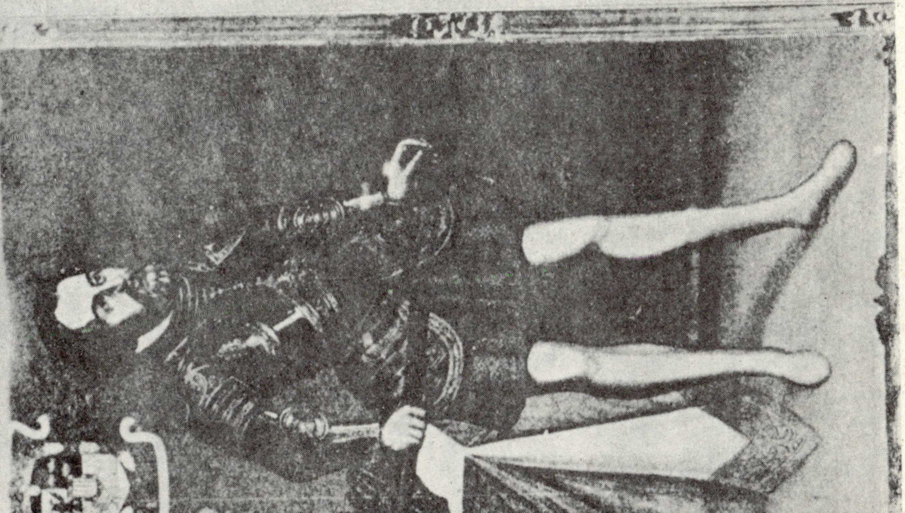

Oleo de Hernán Cortés que se encuentra en el Hospital de Jesús en México. Al lado el escudo de armas que le otorgó Carlos V y abajo la firma que el extremeño puso en vida.

Esta casa está edificada en el lugar exacto donde estuvo la casa original de Hernán Cortés, en la actual calle de la Higuera en Coyoacán. Esta construcción data probablemente del año 1560, y sirvió en un tiempo de cárcel pública.

En el año de 1892 el Ayuntamiento de Coyoacán colocó una placa en la que se dice que ahí estuvo el palacio de Hernán Cortés. Lo cual es falso.

sa donde murió Hernán Cortés, en Castilleja de la
esta, España, en 1547.

32

29

La casa de Ordaz, data del siglo XVIII y aunque es una belleza no perteneció al capitán de Cortés.

a llamada casa de Alvarado que se encuentra en Coyoaán también es del siglo XVIII. esta fotografía fué tomaa en el año de 1906 y pertenece a la obra México en el empo.

En el techo de los corredores del Hospital de Jesús se conservan todavía estas pinturas y que corresponden a dos miembros de la familia de don Hernando Cortés: doña María y doña Catalina. En la foto inferior se encuentran los restos del historiador don Lucas Alamán y que corresponde a la iglesia de Jesús Nazareno.

na vista de una calle de Cáceres. Extremadura en Espa-
a donde estuvo Hernán Cortes.

FRAY BARTOLOME DE LAS CASAS

DON PORFIRIO DIAZ (1867)

DON FRANCISCO J. CLAVIJERO

LA EMPERATRIZ EUGENIA

DON ANTONIO LOPEZ DE SANTA ANNA

BAZAINE

LOS V DE ALEMANIA. AÑO 1520.

DON ANTONIO DE MENDOZA, PRIMER VIRREY
AÑO 1535.

REY DON FELIPE II. AÑO 1596

DON JOSE SARMIENTO DE VALLADARES
CONDE DE MOCTEZUMA Y TULA. 1697.

FRAY BERNARDINO DE SAHAGUN

DON FELIX MARIA CALLEJA DEL RE

DON MANUEL TOLSA

DON JOSE M. GUTIERREZ DE ESTRA

DON SERVANDO TERESA DE MIER

DON AGUSTIN DE ITURBIDE

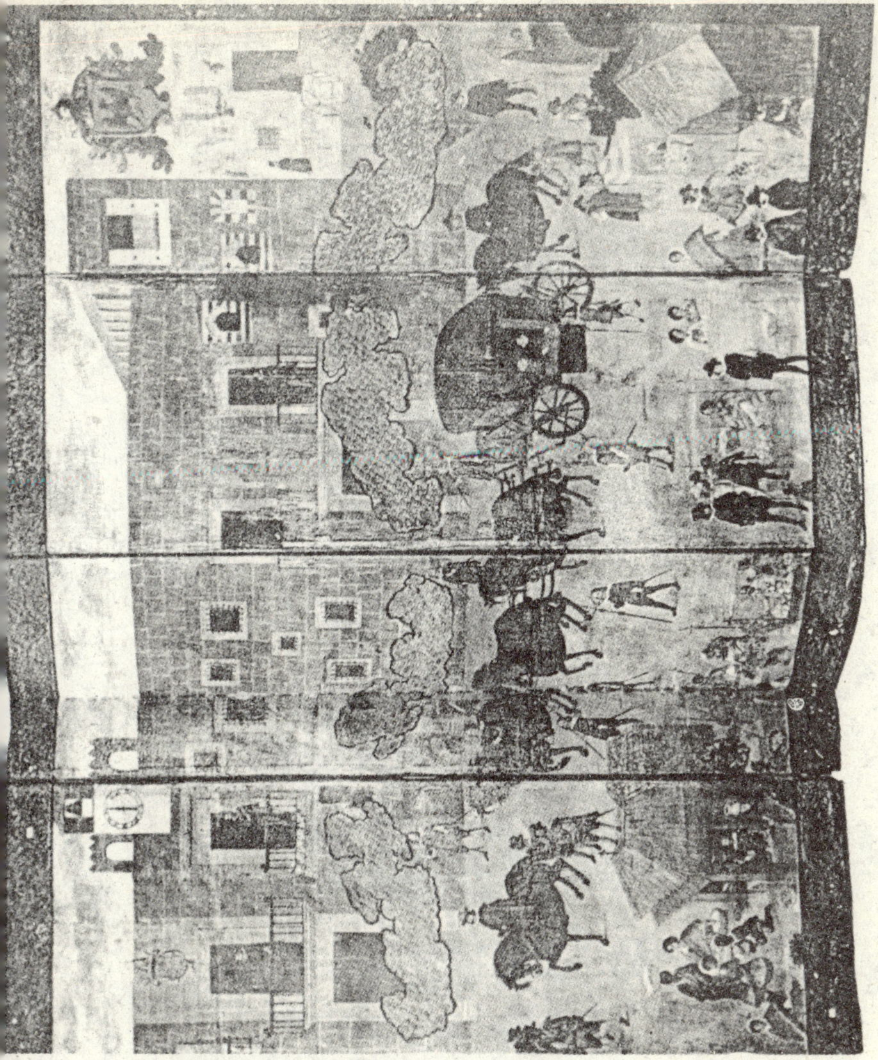

acio Virreynal como se encontraba antes del incendio 1692, según un biombo que se encuentra en el Museo América en Madrid, España. El biombo procede del rón Solsona, Sevilla.

Sepulcro de Hernán Cortés en la iglesia del hospital de Jesús. Lo erigió el virrey Conde de Revillagigedo en 1794.

ANGEL CALDERON DE LA BARCA

FRANCISCA ERSKINE INGLIS DE CALDERON DE LA BARCA.

Anverso y reverso de la Medalla acuñada en 1529 para conmemorar el X aniversario de la conquista de México.

Lápida que señala el lugar en donde estuvo la casa en la que nació Hernán Cortés. Medellín, España.

Escudo de Hernán Cortés, Medellín, España.

Oleo de Hernán Cortés.

Convento de la Rábida. Este convento le dió hospitalidad a Cristobal Colón y a Hernán Cortés en su primer viaje a España. 1528.

Martín de Cortés, II Marqués del Valle de Oaxaca. Este hijo del Conquistador Hernán Cortés y de doña Juana Ramírez Arellano y Zúñiga, nació en la ciudad de Cuernavaca. Dato tomado del Hospital de Jesús del Lic. Benjamín Trillo.

Retrato apocrifo considerdo como la verdadera efigie del conquistador. Corresponde a su nieto Fernando Cortés y Ramírez Arellano. III Marqués del Valle de Oaxaca, tomado de la colección de Salamanca, Madrid.

uinas de la exhacienda de Axomulco. Ubicada donde
e encuentran actualmente los cuarteles militares a la
ntrada de la Ciudad de Cuernavaca, Morelos.

Trajes mexicanos de la obra México y sus Alrededores. Litografía de Casimiro Castro. Abajo Plaza de Veracruz, según grabado de Cauchard y dibujo de Rouargue, año de 1862.

Ruedas de carreta. Oleo de Cart Wheels. Que muestra dos miembros de la orden de los carmelitas descalzos en la ex-hacienda de Santa Lucía.

Cuauhtemoc y Moctezuma II.

Castillo en España que perteneció al Conde de Moctezuma y Tula.

Vista del Puerto de Veracruz, según un grabado de Libreton y Authwaite impreso por Chardon en París en el siglo XVIII.

Traslado de los restos de Hernán Cortés, desde Castilleja de la Cuesta al Monasterio de San Isidro del Campo. (Boceto de Joaquín Turina).

La Malinche. Pintura de Tarazona que se encuentra en el palacio de Cortés en Cuernavaca.

› que queda del "árbol de la noche triste".

Monumento a Hernán Cortés en Extremadura, España.

ndimiento de los navíos por ordenes de Cortés, según
bado de Antonio Solís.

Encuentro de Moctezuma y Cortés, según grabado de L. Delignon en la obra Historia Filosófica del Comercio de las Indias del año de 1780.

Vista de Acapulco, año de 1600. Litografía del atlas geográfico de Antonio García y Cubas.

La Malinche y otras mujeres cuando le fueron entregadas a Cortés, según un grabado de C.N. Cochin y C. Rawvoy en el año de 1754. Abajo la Universidad de México con la estatua ecuestre de Carlos IV, grabado de J.W. Orr.

El que fuera el edificio donde se encontraban las oficinas del mayorazgo de Hernán Cortés en el zócalo de la ciudad de México y actual Nacional Monte de Piedad. Fotografía tomada en el año de 1900 y que se encuentra en el Museo de la Ciudad de México.

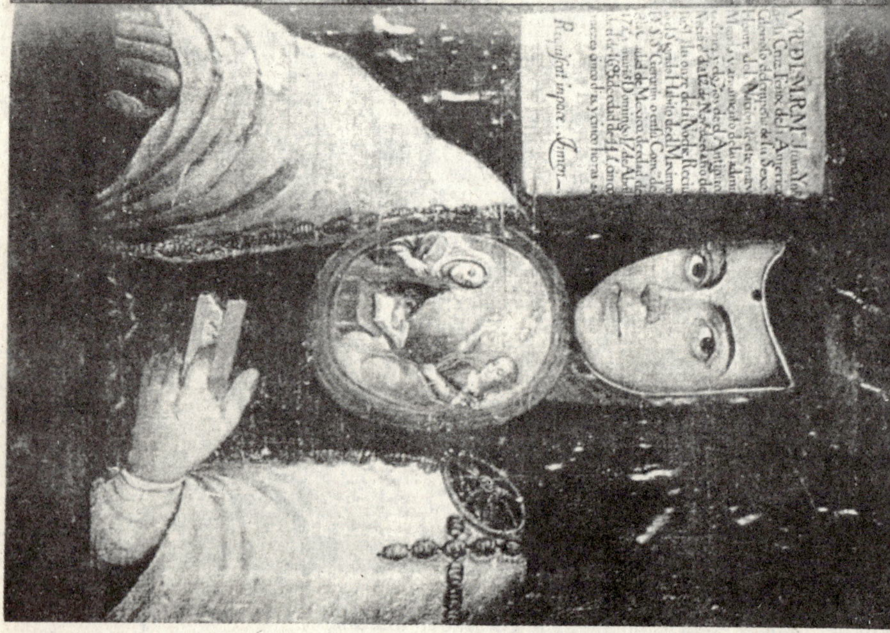

Foto izquierda el Emperador Carlos V, por Tiziano. A la derecha el verdadero retrato de Sor Juana Inés que se encuentra en el convento de Santa Paula y San Jerónimo en Sevilla, España.

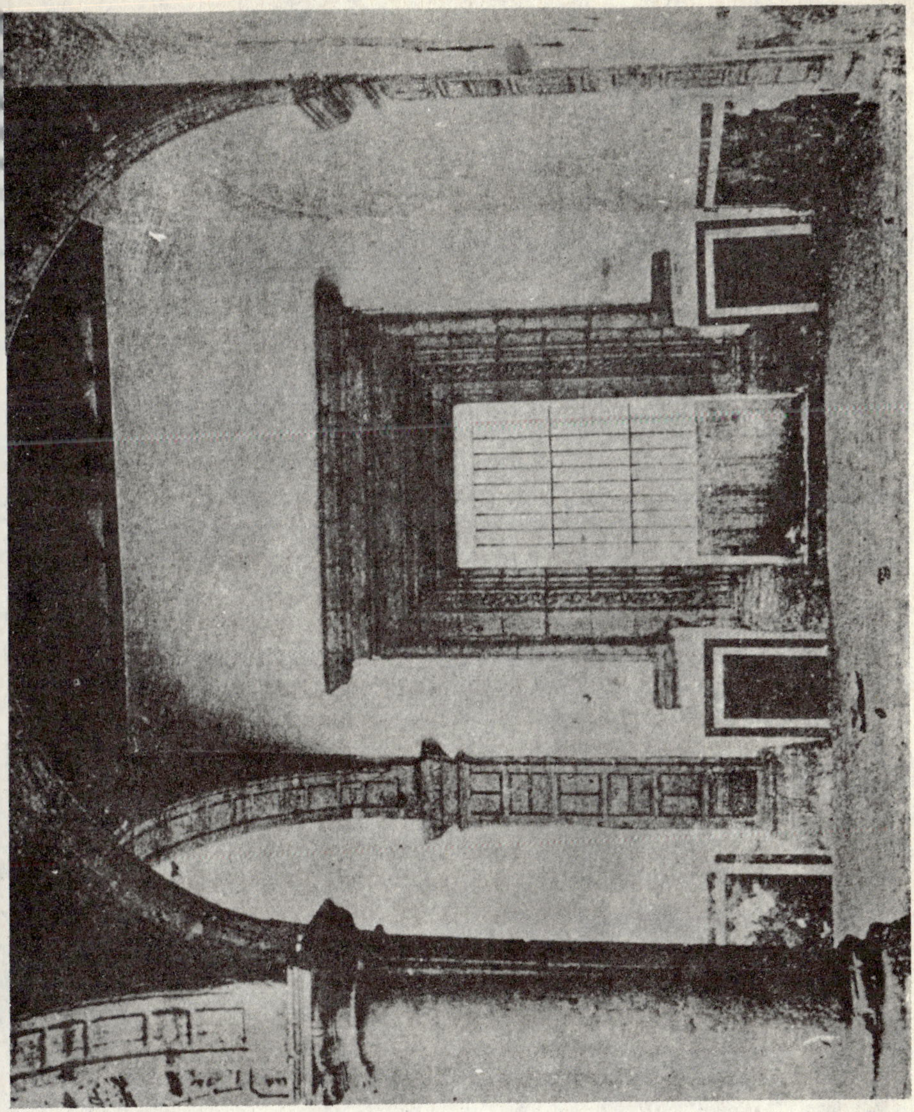

Un aspecto del palacio de los condes del Valle de Orizaba.

CAPITULO SEGUNDO

LA DESCENDENCIA DE HERNAN CORTES

Hernán Cortés tuvo siete u ocho hijos conocidos, sin contar otros procreados con nativas de las tierras que conquistó.

Su descendencia la inicia el primer Martín Cortés (1523-1575?), hijo de doña Marina, "La Malinche", quien fue llevado por su padre a España (1528) para ponerlo a las órdenes de Carlos V, paje de Felipe II antes de ser rey. Fue educado en la corte y "se le honró" con el hábito de Santiago, y el tratamiento de Don y participó, sirviendo a España, en las campañas de Provenza y del Valle del Danubio. Con posterioridad volvió a México en compañía de sus hermanos, el segundo Martín y Luis.

En España se casó con doña Bernardina de Porras, con la que tuvo una hija; radicado en México, su patria, fue acusado, junto con sus hermanos, de sedición, por lo que se le encarceló y dieron tormento; se le sentenció a destierro perpetuo de las Indias bajo pena de muerte en caso de no cumplirlo y a pagar quinientos ducados. Del resto de su vida poco se sabe. Murió después de 1568, según se dice, a consecuencia de eso y de la natural debilidad que provocó en su organismo un régimen de pan y agua que sufrió por órdenes de la Audiencia. Tuvo un hijo fuera de matrimonio de nombre Fernando, quien hizo un memorial en 1605 alegando los servicios de su abuela, doña Marina.

Para lograr obtener el hábito de Santiago, el primer Martín tuvo que someterse a las costumbres de la época. Quien pretendiera entrar en las órdenes militares tenía que solicitar previamente la merced correspondiente y enseguida probar la legitimidad, cristiandad y nobleza de su linaje, tanto por la parte paterna como por la materna. Si estas pruebas satisfacían al consejo de las órdenes militares, se le otorgaba el título de Caballero y era armado según el ritual establecido. La ceremonia se llamaba también "Toma de hábito". Las pruebas que presentó Martín, el hijo de Doña Marina, para obtener la órden militar "Hábito de Santiago", sólo constaron en dos hojas y con la declaración de cuatro testigos. El expediente fue iniciado en la ciudad de Toledo el 19 de julio de 1529, siendo testigos Juan de Burgos, Juan de Hinojosa, Diego de Ordaz y Alonso Guerrera. De los testimonios, el de Diego de Ordaz fue el más importante y dice: "Que conoce al dicho don Martín Cortés, desde la edad de seis años, el cual fue habido y tenido por hijo de don Hernán Cortés y de doña Marina que es india de la provincia de Guasacalco, que es la dicha Nueva España". "Persona muy honrada e principal e buena casta e generación". Guerrera hace parecida declaración, agregando que las personas que dieron a doña Marina eran de un lugar que se dice Potochán.

Doña Leonora Cortés Moctezuma de quien se sabe fue hija del conquistador y de una de las princesas, hija de Moctezuma, llamada de diferentes maneras: Ixcaxóchitl, o sea flor de algodón o Tecuichpo, "hija del rey", y que a la vez Cortés la rebautizo con el nombre de Isabel. Casó doña Leonora Cortés Moctezuma con don Juan de Tolosa Vizcaíno, apodado "barbalonga", rico minero y uno de los descubridores de las vetas de Zacatecas. Su hermano Martín, el mayorazgo, se enojó por esta boda. Tuvieron un hijo que se llamó Juan Cortés de Tolosa y Moctezma. Cuando ocurrido su muerte, fue sepultado al lado de los restos de su abuelo, don Hernando en el templo de San Francisco.

Otra hija de nombre Catalina Pizarro (nombre y apellido que corresponden a la madre del conquistador) fue procreada con una india cubana; recordemos que mediante la bula de Clemente VII, todos sus hijos fueron legitimados. Catalina fue comprometida en matrimonio con un hijo del adelantado Francisco de Garay, asistiendo Cortés a pedir su mano. Catalina fue bautizada por Diego Velázquez en Cuba, el padre Las Casas dice que no sabe, si ese niño o niña era de la esposa de Cortés, Catalina Juárez (la Marcayda). Aunque se sabe que la Marcayda murió sin descendencia y que sólo se sabe que tuvo un hijo que murió al nacer.

Después de nacer Catalina Pizarro, su madre, una india cubana de nombre Leonor, contrajo matrimonio con el consentimiento de Cortés con Juan Salcedo, vecino de México. Al embarcarse el conquistador para México hizo a su hija Catalina y a su madre donación de vacas, yeguas y ovejas. Posteriormente, ya en México, Cortés le dió a Catalina el pueblo de Chinantla y le señaló otros bienes para su dote, todo lo cual entregó a Juan Salcedo. Y en su testamento mandó Cortés que cuando Catalina decidiera casarse lo tendría que hacer con el consentimiento de su hermano Martín, el mayorazgo.

Se sabe de otra hija llamada María Cortés y Pizarro que fue educada por su segunda esposa Juana Zúñiga, quien residía con ella en su palacio de Cuernavaca y se trasladó después de la muerte de Cortés a España en compañía de la viuda. Esa doña María nació contrahecha y no llegó a casarse. Don Hernando le dejó en su testamento diez mil ducados y sesenta mil maravedís por año para gastos y alimentos.

Luis Cortés Hermosillo nació en México y fue hijo de Elvira, Antonia o Leonor Hermosillo, natural de Trujillo, España, e igualmente fue enviado a la península por su padre en 1540 al servicio del entonces Principe Felipe; se distinguió en la carrera de las armas participando al igual que su hermano, el segundo Martín, en la Batalla de San Quintín con las fuerzas del duque de Saboya. Tomó el Hábito de Calatraba. Con sus hermanos regresó también a México en 1563, tomando parte activa en la política y administración de sus bienes. Casó en México con Guiomar Vázquez de Escobar, con la cual no tuvo sucesión.

Fue justicia mayor en Texcoco y a raíz de las acusaciones contra él y sus hermanos en 1565, se le deportó a España, se le mandó a servir al rey de Orán en 1574. Felipe II condonó la pena y le permitió regresar a la Nueva España donde murió. En su testamento, su padre don Hernando mandó a su hermano, el marqués, que diera a don Martín, el bastardo, y a don Luis, a cada uno mil ducados de oro todos los días que vivieran.

Las pruebas que presentó don Luis Cortés en 1541 para obtener el Hábito de Calatraba se hallan incompletas y maltratadas según lo informa el investigador Dorantes de Carranza. Hubo tres testigos: Gonzalo Díez, vecino de Trujillo, Andrés de Tapia, vecino de México y Alonso de Villanueva, también vecino de México. Los tres afirmaron que el nombre de la madre era Leonor de Hermosillo.

Fue don Luis padre de un hijo llamado Juan y un nieto del mismo nombre; este último llegó a ser albacea de los bienes del marquesado.

La rama Cortés-Hermosillo desapareció hasta el año 1830 con el "colera morbus".

El segundo Martín (1533-1589) que a su vez fue el segundo Marqués del Valle de Oaxaca, nació en Cuernavaca, era hijo de Juana Zúñiga y tomó parte, acompañando al rey Felipe II, en la Campaña de Flandes. Posteriormente acompañó al soberano a Inglaterra cuando éste se desposó con la Reina María Tudor, hija de Enrique VIII. Asistió con su hermano Luis a la Batalla de San Quintín. Casó en Nalda con su prima y sobrina doña Ana Ramírez de Arellano; regresó a la Nueva España en 1562, yendo a dar a Campeche, por el mal tiempo.

Allí nació su primer hijo, Jerónimo. Permaneció en Campeche tres meses siendo muy agazajado por Francisco de Montejo, adelantado de Yucatán. Llegó a la ciudad de México en 1563. Fue muy celebrado por los hijos de los conquistadores y el alarde y grandeza con que hacía su vida, comenzaron a inquietar a los gobernantes. Sobrevino la conjuración de 1575 en el cual fue tenido por jefe y pretendiente al trono de México. Al celebrar el bautizo de sus hijos gemelos el 30 de junio de 1566, lo oidores Ceinos, Villalobos y Orozco determinaron aprehenderlo. Le fueron secuestrados todos sus bienes.

Y a punto estuvo de ser ejecutado, salvándose gracias a la intervención del nuevo virrey, don Gastón de Peralta, tomando a su cuenta la causa. Ya en España, don Martín fue procesado por el Consejo de Indias juntamente con su hermano Luis; fueron condenados a servir en Orán y a destierro perpetuo de las Indias, así como a pagar una multa de cincuenta mil ducados y otros cien mil como préstamo a la corona. Fueron posteriormente perdonados por Felipe II. Murió en España en 1589.

María Cortés y Ramírez de Arellano, hija de Cortés y de Juana Zúñiga y sobrina nieta del duque de Béjar. Casó esta hija de Cortés con don Luis Vigil de Quiñones. quinto conde de Luna. Esta hija del conquistador, cuya boda estaba concertada originalmente con don Alvaro Pérez Osorio, hijo del marqués de Ostorga, fue una de las grandes penas que, única con otros problemas, hicieron que el adelantado enfermera gravemente en Castilleja de la Cuesta al no realizarse esta boda.

Cuando Cortés hizo su último viaje a España en 1540, mandó a llamar a doña María, la mayor, que había comprometido en matrimonio con don Alvaro. Se transladó personalmente a Sevilla para recibirla y hacer los preparativos para su regreso a la Nueva España. Cuando murió don Hernando la marquesa viuda y todos sus hijos se reunieron en España. Fray Antonio de Zuñiga, hermano de la marquesa viuda hizo viaje exprofeso a la Nueva España para escoltar a la familia a la península ibérica.

Catalina Cortés y Ramírez de Arellano, también hija de Juana Zúñiga se hizo monja y murió en Sevilla.

Juana Cortés y Ramírez de Arellano, hermana de las anteriores, nacida en Cuernavaca, casó con Hernando Enríquez de Rivera, segundo duque de Alcalá y marqués de Tarifa y conde de Morales.

El segundo marqués del Valle de Oaxaca, hijo de Juana Zúñiga, don Martín, casó dos veces. De su primer matrimonio que se efectuó en España con doña Ana Ramírez de Arellano, nacieron tres hijos varones que fueron Jerónimo, Fernando, Pedro y tres mujeres.

Muerto Martín en 1589 en Madrid, su hijo Fernando se convierte en el tercer marqués del Valle de Oaxaca. Pero los bienes son repartidos entre sus hijos. Corta vida alcanzan Fernando y Jerónimo, por lo que el marquesado pasa a Pedro, quien habiendo hecho votos eclesiásticos renuncia a ellos para contraer matrimonio y asegurar la descendencia, casándose con doña Ana Pacheco de la Cerda, hermana del conde de Montalbán. Debe consignarse que sus hermanos fallecidos no tuvieron descendencia y dos de sus hermanas profesaron el hábito de las monjas.

Casado don Pedro, emprendió viaje a la Nueva España para administrar sus bienes, tierras y vasallos. Cuando llegó, todo estaba en deterioro y abandono, pero contó con la ayuda y amistad del virrey don Diego Fernández de Córdoba, marqués de Guadalcázar (1612).

Don Pedro Cortés y Arellano, cuarto marqués del Valle de Oaxaca, nació en México en 1566 y fue llevado a España de tres años de edad. Tuvo el hábito de Santiago a principios de 1600. Treinta y seis testigos fueron examinados en Medellín, Madrid, Nalda de los Cameros y Yanguas para obtener su título.

Entre los testigos estuvieron Juan Valgrande, Alonso Rodríguez, Pedro González de Solís, vecino de Guadalajara de la Nueva Galicia, Juan Guerrero de Luna, natural de México, doña Guiomar de Escobar, natural de México y viuda de don Luis Cortés, María de Soto, natural de Córdoba, declararon que cuando se bautizó a don Pedro y a una hermana gemela, se hicieron grandes fiestas y que fue compadre de pila don Luis de Castilla.

Fue don Pedro el último marqués del Valle, de descendencia masculina del conquistador. Murió en México el 30 de enero de 1629.

De su matrimonio no nacieron hijos, aunque se sabe de la existencia de una hija llamada Isabel, que se metió de monja y su situación económica debió haber sido apremiante, ya que decidió escribir al virrey, don Lope Díez, marqués de Cadereita, en demanda de ayuda. El representante de la corona española (1635-1640), en las tierras que le dió Cortés, fue generoso con la bisnieta del conquistador. Leyó la carta de la monja y muy solemne dispuso: "Que se le concedan seis reales diarios de las rentas del Hospital de Jesús, para que se pueda echar una gallina en su puchero".

Mientras, doña Isabel pudo saborear del refectorio del convento el caldo del puchero, el marquesado, que andaba en el aire, recayó en línea colateral en doña Estefanía Carrillo de Mendoza y Cortés, sexta marquesa del Valle de Oaxaca, sobrina de don Pedro, por ser hija de la única de sus hermanas que se salvó del convento, doña Juana Cortés Ramírez de Arellano (muerta un año antes que Pedro Cortés).

Estefanía había casado ya con don Diego de Aragón, duque de Terranova, que ahora resultaba esposo de una marquesa.

Con esta pareja que no tuvo hijos varones termina de hecho la descendencia de Cortés en el marquesado. Estefanía murió en 1635 y fue su única hija Juana de Aragón Carrillo de Mendoza, duquesa de Terranova y séptima marquesa del Valle. Casó con don Héctor Pignatelli, quinto duque de Monteleone, virrey de Cataluña, grande de España.

Los títulos se mezclan y adquieren por parte de los dos últimos condes, nacionalidad italiana. Entre las ruinas de títulos y nombres surge un representante de todos ellos: don Andrés Fabricio Pignatelli de Aragón Carrillo de Mendoza y Cortés, sexto Duque de Monteleone, VI Duque de Terranova, VIII Marqués del Valle de Oaxaca, Grande de España, Gran Camarlengo de Nápoles, Caballero del Toisón de Oro, y casó con doña Teresa de Pimentel y Benavides, XII Condesa de Benvente, de Luda, de Mayorga, IV Marquesa de Javalquinto, etc., etc. Falleció en 1691.

Andando el tiempo, en 1700, España entra en conflictos con Austria por la llamada "guerra de sucesión" (casas y apellidos reinantes) donde el príncipe Eugenio de Saboya cruza los Alpes con sus tropas austríacas, obteniendo la victoria sobre la Italia Septentrional.

Los príncipes italianos Monteleone, Terranova y del Valle, toman partido con Austria y como consecuencia, la familia Pignatelli se queda sin marquesado en México, pero no por mucho tiempo. En 1762 concertan arreglos y les son devueltas.

Nos encontramos después, en 1823, a don Lucas Alamán, que trae en el bolsillo el nombramiento de administrador de los bienes del ex-marquesado del Valle y que son propiedad de don José Pignatelli, duque de Terranova y Monteleone.

Don Lucas, que fue cuatro veces Secretario de Relaciones Exteriores e Interiores, la primera con Guadalupe Victoria (1824), con Anastasio Bustamante (1830) y con Don A .onio López de Santa Ana (1853); que fue Presidente del Ayuntamiento de la Ciudad de México, que fue director de Industria (1842 con Nicolás Bravo), que estableció las primeras fundiciones en el Cerro del Mercado, en el hoy Estado de Durango; tres veces diputado; escritor e historiador y administrador del Hospital de Jesús, por acuerdo del príncipe Pignatelli. Pero la que más le agrada a don Lucas, de las propiedades del ex-marquesado del Valle, es la Hacienda de Atlacomulco donde pasa muchas temporadas durante su vida.

A don Lucas le prueba y agrada el clima benigno de la zona de Cuernavaca y decide, en sus últimos meses de vida, instalarse en la vieja Hacienda de Cortés, ya modificada y convertida en el ingenio azucarero de San Antonio Atlacomulco, donde le toca inaugurar una fábrica de aguardiente poco antes de morir. Una placa de mármol aún existe con esta inscripción:

> Esta fachada y la fábrica de aguardiente se hicieron por disposición de don Lucas Alamán, apoderado general del Exmo. Sr. Duque de Terranova y Monteleone, siendo administrador de esta hacienda don José María Aguirre en los años 1852 y 1853.

Don Lucas Alamán fallece el 2 de julio de 1853 y sus restos fueron enterrados en la Iglesia de Jesús, quedando junto a los del conquistador de México, en la misma iglesia, donde años antes, los había escondido, evitando la destrucción de los huesos del extremeño. Después de su muerte, su hijo Juan Bautista Alamán fue administrador de los bienes del exmarquesado y lo fue también su nieto, el licenciado Lucas Alamán, hasta poco antes de la Revolución Mexicana de 1910.

Como se ha visto, con Pedro Cortés, V Marqués del Valle de Oaxaca y Estefanía Carrillo de Mendoza y Cortés, VI Marquesa del Valle de Oaxaca, termina la descendencia directa, comprobada, del conquistador.

En lo que corresponde a herederos de títulos y tierras, incluyendo el marquesado, aparecen los Pignatelli, en línea colateral, sin descendencia directa, sin asomo sanguíneo y diferente nacionalidad.

Tres miembros de esta familia estuvieron en México, pocos años después de concluida la revolución, durante el gobierno del general Plutarco Elías Calles.

A principios de 1925 arribaron al país por el puerto de Veracruz, y desde su llegada causan expectación, no sólamente por ser los herederos de bienes y títulos del conquistador, sino porque se trata de un príncipe, un marqués y una princesa. Esto impresiona hasta la médula a la alta sociedad mexicana de aquellos días, que todavía sueña en tiempos idos, cuando las damas aristócratas mexicanas y sus ricos maridos podían rozarse con títulos europeos y ambicionan secretamente la posibilidad de poseer uno de ellos.

Los viajeros son el príncipe Valerio Pignatelli, su esposa María Gloria, que además es su prima, y Antonio Pignatelli, poseedor de muchos títulos, entre ellos, uno que le resulta en estos momentos de mayor importancia: Marqués del Valle de Oaxaca, y, por tanto, heredero de quien se sabe.

Al llegar a la ciudad de México, la sociedad revienta en deseos de conocerlos. Se organizan fiestas y recepciones. Las damas se cuelgan sus mejores alhajas; los caballeros se enfundan en trajes importados y almidonados cuellos; todos quieren ser presentados a estos tres personajes, que ya resultan una leyenda. Hasta los militares que aún llevan olor a pólvora de la Revolución Mexicana, se muestran jubilosos y pretextan que su interés es movido por el hecho de que uno de ellos, el príncipe Valerio, es un héroe de la Primera Guerra Mundial, y que ellos, como soldados, desean ser amigos de otro soldado que combatió en los campos de Europa...

Por otra parte los caballeros del gobierno no resultan ajenos al interés de los "encopetados", porque para ellos también existe un incentivo: la princesa María Gloria, una joven preciosa, esplendorosa, colmada de dotes, cultura y dama de gran mundo. Las fotografías la muestran cautivadora. Es alta, esbelta y poseedora de gran personalidad.

Los regios visitantes caen como peces en el agua, ellos a su vez se muestran afectuosos, cordiales y accesibles para todo el mundo. Saben que es el camino propicio para sus gestiones. Corresponden a sus anfitriones en forma similar y una vez instalados, ofrecen suntuosas "soirées", a las que todos desean asistir y hacen lo imposible para ser invitados.

Comienzan sus negociaciones rociadas con añejos vinos, y traban amistad con los funcionarios indicados. Para estar a tono con el medio, en un país donde gustan las prácticas hípicas, donde la Revolución se hizo a caballo, organizan con apoyo del club hípico alemán, algo muy novedoso para

México: La caza de la zorra. La hermosa princesa monta un caballo de pura sangre y concurren al evento buenos y malos jinetes en terrenos de la Hacienda de Echegaray, actual colonia residencial, por rumbos de lo que hoy es Ciudad Satélite.

Las fotografías de la época nos muestran esos eventos, donde participaron, portando sus relucientes uniformes, militares mexicanos. Después, el triunvirato de nobles se traslada a Cuernavaca, donde se instalan en un lugar contigüo a la Hacienda de Cortés, para iniciar sus tratos en torno a los bienes de don Hernando, entre ellos, el palacio donde ya están instalados desde hace tiempo los poderes del Estado de Morelos.

El gobernador, Joaquín Rojas Ortiz, se muestra gentil con los Pignatelli. Hace posteriormente declaraciones a la prensa y manifiesta que las pláticas van por buen camino en lo correspondiente al Palacio de Cortés, cuya propiedad aseguran acreditar los Pignatelli: o se devuelve el palacio, o se les paga la indemnización de ley correspondiente.

El palacio, naturalmente, no les fue devuelto; en cuanto a la indemnización, no se sabe si la hubo, o no la hubo y, de haber sido así, a cuánto ascendió.

En esas andaban los nobles italianos, cuando por algún motivo el príncipe Valerio y su deslumbrante esposa tuvieron que hacer un viaje a la ciudad de México, desde Cuernavaca.

A bordo de un flamante Lincoln convertible, último modelo, los príncipes, acompañados de su chofer, Luis Castillo, emprendieron el viaje. Al entrar a la carretera, recientemente inaugurada por el presidente Plutarco Elías Calles, el príncipe decidió conducir el auto, ordenando apartarse del volante al chofer. La carretera resultaba peligrosa para un desconocedor de la topografía del rumbo, pero estas cosas no podían amilanar a un héroe de la guerra. Toma el volante y unos cuarenta minutos después, al entrar a una curva, el conductor que guiaba a la "fantástica" velocidad de cuarenta y seis kilómetros por hora, perdió el control, precipitándose hacia la cuneta, volcándose sobre él y la princesa, el autómovil.

El matrimonio quedó atrapado. El chofer, a rastras, salió para pedir auxilio, porque no podía mover por sí mismo la pesada máquina. La carretera, por aquella época, casi no tenía tránsito; el chofer vió a lo lejos a unos campesinos que hacían una lumbrada para protegerse del frío y trató de pedir auxilio. Cuando les gritó, los indígenas se asustaron y echaron a correr. El chofer y su impotencia quedaron sólos. Nuevo intento para mover el auto, que fue inútil. Los atrapados, entre gemidos pedían ayuda. Así transcurrió casi una hora. Por fin se escuchó el ruido del motor de un automóvil; Castillo salió al encuentro y logró detenerlo. En él viajaban, monseñor Francisco de Uganda, Obispo de Cuernavaca y algunos acompañantes; entre todos lograron ladear el Lincoln y rescatar a las víctimas. La princesa agonizaba, el príncipe estaba mal herido. Lo único que pudo hacer su ilustrísima fue dar la extremaución a la hermosa María Gloria.

La muerta y el herido fueron llevados al Hospital de Jesús. El príncipe Valerio sanó y la princesa fue sepultada allí mismo, provisionalmente, se dijo, hasta que sus restos pudieran trasladarse a Italia, al panteón familiar de Roma.

Las crónicas de los periódicos de la época fueron de primera plana; a los funerales concurrió el alto mundo social, los diplomáticos y mucha gente del pueblo. Los humildes encendían veladoras por el "alma de la muertita", y se unían en sollozos. Así somos los mexicanos.

Antonio Pignatelli residió algún tiempo en México, donde hizo muy buena amistad con uno de los políticos más importantes de la época: el general Francisco R. Serrano.

Con la ayuda de Serrano, Pignatelli obtuvo algunas concesiones favorables a los maltrechos bienes de Cortés que representaba. Entre otros, recuperó el ingenio de Atlacomulco y noventa hectáreas alrededor del mismo.

El general y el príncipe eran afectos a la "buena vida", opíparos banquetes, vino de importación y juego de azar, con sus correspondientes "edecanes", hacían grata la vida de los personajes. Así andaban las cosas entre el noble y el revolucionario, cuando cierta noche, y por algún motivo inspirado por Baco, riñeron, y se planteó, según publicaciones de la época, un duelo entre ellos que no llegó a efectuarse. La amistad apretó su nudo y Serrano no soltó la mano de Pigna telli. Pero el general tenía sus ambiciones y pensó en la presidencia de la república, provocando el disgusto de los generales Calles y Obregón, convirtiéndose su amistad en odio. El general Francisco Serrano fue asesinado, "por órdenes superiores" (hoy se sabe que las dió Obregón), cuando era conducido a la Ciudad de México por fuerzas del General Claudio Fox, en la carretera de Cuernavaca, el 4 de Octubre de 1927, día de San Francisco. "¡Qué cuelga te dieron, Pancho!", se sabe que exclamó el famoso manco cuando le mostraron el cadáver.

Muerto don Francisco, Pignatelli quedó desprotegido. Se filtraron rumores de que el príncipe italiano ayudaba económicamente los preparativos de la campaña presidencial de su amigo. Una voz compadecida le aconsejó se fugara. Se fue a los Estados Unidos de Norteamérica, donde muere en 1932.

Don Domingo Catalán, viejo empleado de la actual Hacienda de Cortés, nos relató que conoció a los príncipes Pignatelli en 1927, cuando llegaron a la hacienda, más bien a sus ruinas, y que por herencia era de su propiedad. Cuenta el señor Catalán, que todavía existía el viejo camino de empedrado desde la hacienda hasta el Palacio de Cortés en el centro de Cuernavaca.

"Eran personas atentas y bien educadas los señores Pignatelli. La gente los veía con atención y curiosidad. Sabían que eran príncipes, y esto les admiraba. Todos deseaban verlos de cerca, de ser posible tocarlos''. Agrega el viejo empleado (a la fecha cuenta más de setenta años) que los señores hicieron todo lo que estuvo a su alcance para reconstruir la antigua casona. Pusieron en servicio la ruinosa iglesia, sembraron algunos cultivos como tomates y metieron mano al jardín para tener flores. Existía, dice, parte de la maquinaria maltrecha y oxidada, diceminada por diferentes partes del lugar. Los príncipes juntaron el viejo fierro para sacarlo de allí. Quizá lo hayan vendido o regalado. La trágica muerte de la princesa y la salida del príncipe hacia Estados Unidos paralizaron sus propósitos.

La yerba volvió a crecer y los muros quedaron abandonados a la acción destructora del tiempo.

Reporta también nuestro informante, que por aquellos días todavía existía la vía del ferrocarril que enlazaba la hacienda con la estación de Cuernavaca ''un día, comenta, llegaron unos inspectores'' de los ferrocarriles y ordenaron que fuera levantada. Se la llevaron quien sabe para donde. Años más tarde, fueron otros inspectores, éstos parece que sí eran auténticos, con el propósito de indagar qué había sido de los rieles. De lo anterior se deduce que el saqueo no se limitó al viejo inmueble, sino a todo lo que le rodeaba.

La junta de asistencia del Hospital de Jesús, ese mismo año de 1932, al darse cuenta que la vida del hospital era cada vez más angustiosa, se dirigió por carta el patrono perpetuo de la fundación que lo era en esa época don José Pignatelli, pidiéndole que se trasladara a México, y administrara el hospital. Don José no aceptó, renunciando al cargo de patrono del hospital, que mantuvo el linaje del conquistador durante más de cuatro siglos. El gobierno mexicano nombró al doctor Benjamín Trillo patrono de la institución, habiendo dedicado treinta años de su vida al servicio de la fundación con apasionada entrega.

Sucedió en el puesto al doctor Trillo un médico connotado, político y revolucionario: Gustavo Baz. Fue rector de la

Universidad Nacional de México, Secretario de Asistencia, Gobernador del Estado de México y después (1981) senador de la República.

Durante la lucha armada militó con el ejército revolucionario del Sur que comandaba Emiliano Zapata. Resulta interesante que en una fotografía de la época, se vea a don Gustavo entre las fuerzas del caudillo del Sur, marchando hacia Cuernavaca, donde ocuparon la Hacienda de Atlacomulco, la de Cortés, y el viejo palacio que lleva el mismo nombre. No habría de pensar entonces el famoso galeno, que años más tarde precidiría la fundación y patronato que estableció el conquistador.

En el año de 1945, por resolución de un juez de la ciudad de México, la exhacienda de Cortés, San Antonio Atlacomulco, que para esas fechas sólo comprendía noventa hectáreas y los pocos fierros de maquinaria que quedaban del ingenio, fueron puestos a remate en pública subasta. El objeto era cubrir viejas deudas de la familia Pignatelli. El comprador resultó ser el señor Rutilo Rojas.

Más adelante la propiedad fue vendida y adquirida por don José Villanueva Aguilera, hombre de mucha empresa, contratista, político, aguerrido combatiente de invasores de propiedades ajenas. Don José dio mucho que hablar a la prensa cuando en cierta ocasión, agotadas pláticas y vías conciliatorias para que los invasores desalojaran terrenos de su propiedad en la exhacienda de San Antonio Coapa, cuyo casco fue demolido aproximadamente hace sesenta años, y estaba situado en Huipilco, sobre la actual calzada de Tlalpan, en la ciudad de México. Subió a bordo de su pequeño avión y armado de una ametralladora, sobrevoló el terreno, echando bala. Por cierto, la ex hacienda de Coapa fue famosa porque en los aciagos días de la invasión americana (1847), desempeñó importante papel en la defensa de México contra el enemigo y solamente sucumbió cuando los defensores del heroico Churubusco agotaron su parque y no pudieron resistir más. En ella estuvo, en 1834, Charles Joseph Latiore, famoso escritor inglés, invitado por su entonces propietaria, la marquesa viuda de Vivanco.

Don José Villanueva, poseedor de las tierras de San Antonio Atlacomulco, ex hacienda de Cortés, decidió fraccionarlas y venderlas. Entre los compradores figuraron el licenciado Ramón Beteta, ex secretario de Hacienda, a través de su esposa Elizabeth de Cou y la millonaria del "jet set", Bárbara Hutton, quien construyó una mansión cerca de Jiutepec, que actualmente es campo de golf y zona residencial.

Doña Elizabeth se quedó con el casco de la Hacienda de Cortés, vendiéndola posteriormente, totalmente destruida, a su actual propietario y renovador, el doctor, Mario González Ulloa.

Pero algo queda por allí que hace recordar a don José. Junto a la obra reconstruida de los Cortés, existe una propiedad que pertenece a su viuda, la distinguida dama doña Josefina.

Reside en Nápoles, Italia, una Pignatelli, la princesa Sofía, heredera de títulos y bienes (todavía quedan algunos en México). En poder de esta princesa está un viejo busto del conquistador, realizado por Manuel Tolsá, en México, cuando era director de escultura de la Academia de San Carlos (1792). A raíz de la independencia nacional, don Lucas Alamán previó que la escultura corría peligro de ser destruida. Como pudo, se la envió a los Pignatelli.

El patrono (1979) del Hospital de Jesús, doctor Julián Mercado, promueve la idea de que esa obra de arte (recordemos que Tolsá fue el constructor de la famosa estatua ecuestre de Carlos IV, conocida como "El Caballito"), o al menos una réplica, sea colocada en el Hospital de Jesús, donde yacen los restos de don Hernando. Frente a los restos del conquistador está otra tumba que abriga los restos de María Gloria y una lápida donde puede leerse:

Cepitielle terran
Ominium lla corda
María Gloria Pignatelli
Aragón-Cortés
Diciembre 18, 1925.

Gascón Mercado, político y hombre de estudio, está empeñado en rescatar olvidados documentos, patrimonio de nuestra historia, que están casi perdidos entre los laberintos de archivos de museos y viejos anaqueles de olvidadas bibliotecas. Su labor es meritoria.

Monumento al conquistador Pizarro en Cáceres, Extremadura.

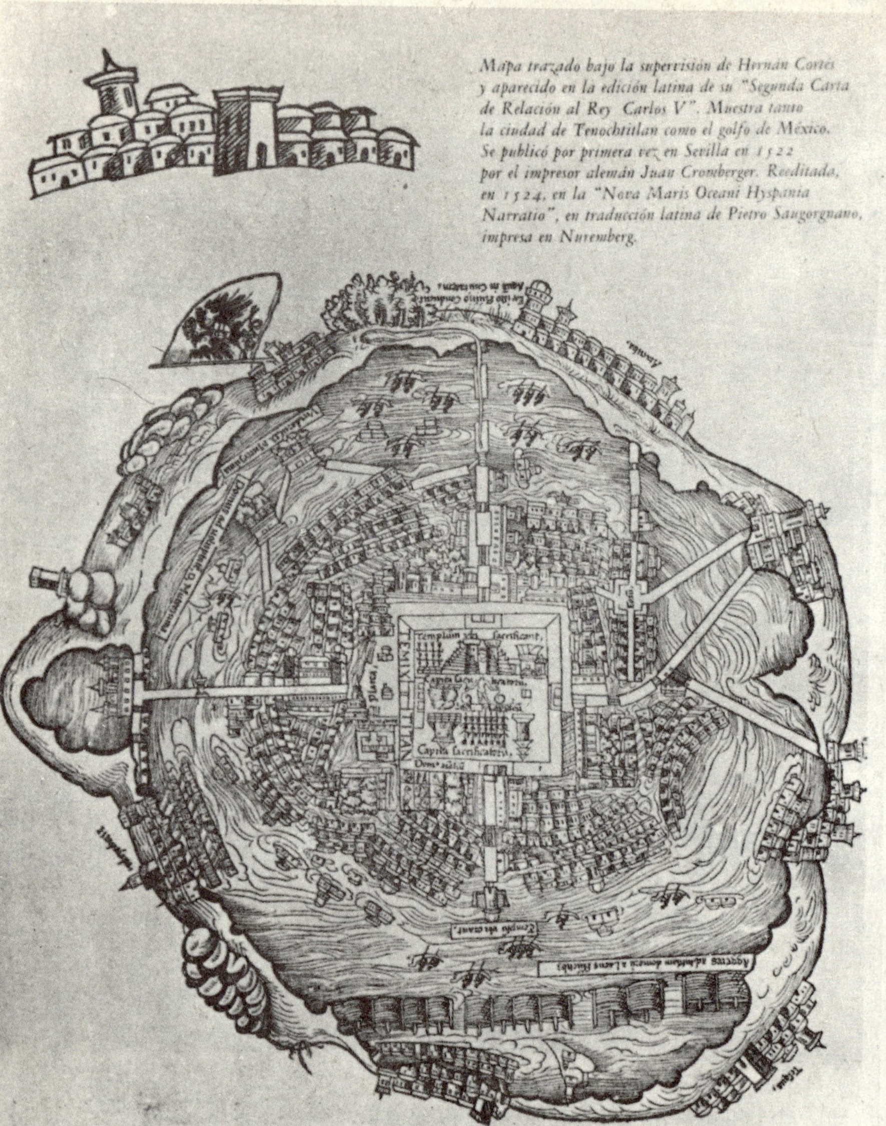

Mapa trazado bajo la supervisión de Hernán Cortés y aparecido en la edición latina de su "Segunda Carta de Relación al Rey Carlos V". Muestra tanto la ciudad de Tenochtitlan como el golfo de México. Se publicó por primera vez en Sevilla en 1522 por el impresor alemán Juan Cromberger. Reeditada, en 1524, en la "Nova Maris Oceani Hyspania Narratio", en traducción latina de Pietro Saugorgnano, impresa en Nuremberg.

a derecha el escudo de armas y la corona imperial de
ximiliano. A la izquierda el escudo imperial de Agus-
de Iturbide.

Carlota y Maximiliano según una pintura de Tarazona que se encuentra en el palacio de Cortés en Cuernavaca.

…lifornia vuelve a ser una isla

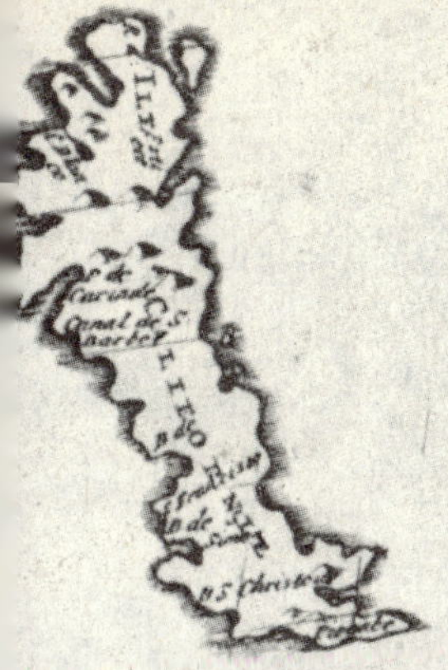

A pesar de que desde las exploraciones d[e] Cortés a California en 1535 se determinó sin luga[r a] dudas su carácter peninsular, en 1625 apareció en Lon dres el mapa de Norteamérica, de Henry Briggs, pu blicado en su "Hakluytus Posthumus or Purchas his Pil grines", en el que, basándose en un error del padre Antonio Ascensión, que acompañara a Vizcaíno en su exploración de las costas del Pacífico, y varios informes contradictorios de Oñate, Juan de la Fuca y Martín de Aguilar, donde se muestra de nuevo a California como una isla, contribuyendo a popularizar este concepto equi vocado que perdurará más de un siglo en la cartografía universal sobre el continente americano. A pesar de las

"L'Amérique septentrionale",
uno de los primeros mapas (1620-1630)
en los que California aparece como una isla

…pesar de que desde las exploraciones de Cortés a Cali…rnia en 1535 se determinó sin lugar a dudas su carácter …eninsular, en 1625 apareció en Londres el mapa de Nor…américa, de Henri Briggs, publicado en su "Hakluytus …osthumus or Purchas his Pilgrinés", en el que basándo…e en un error del padre Antonio Ascensión, que acom…añaba a Vizcaíno en su exploración de las costas del …acífico.

Indios mexicanos. Grabado de la serie Castas y su Indumentaria realizadas sobre dibujos de Lemaitre 1790.

Así era en el siglo pasado San Agustin de las Cuevas conocido actualmente como Tlalpan. Esta litografía pertenecía a don Antonio Ruiz Galindo.

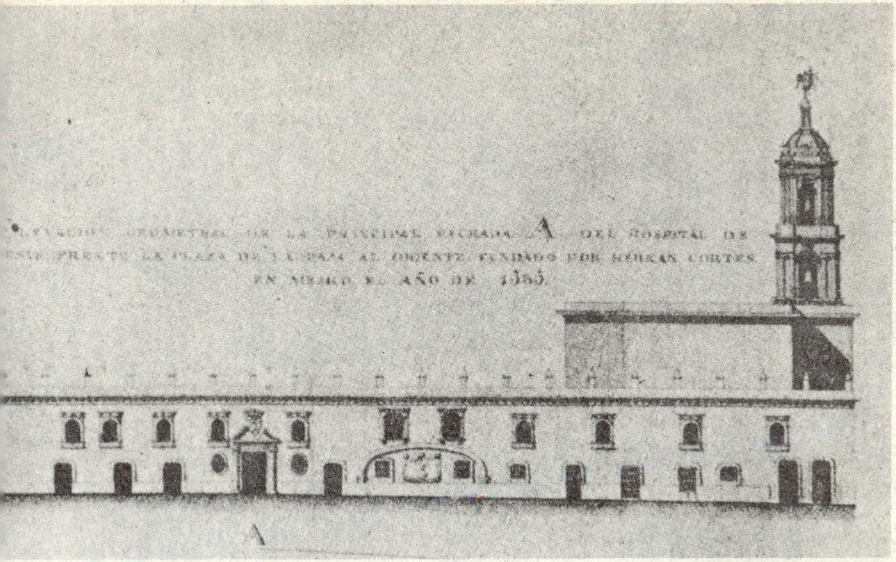

:hada del Hospital de Jesús, fundado por Hernán Cor-
; en México. Según una litografía tomada de la obra
·xico en el Tiempo.

hacienda del Altillo en los días de la agresión yanqui
1847, puede observarse el batallón de Pensylvania
e tuvo ahí su cuartel.

Despacho del Hospital de Jesús.

primer retrato de los Emperadores que circuló en
éxico.

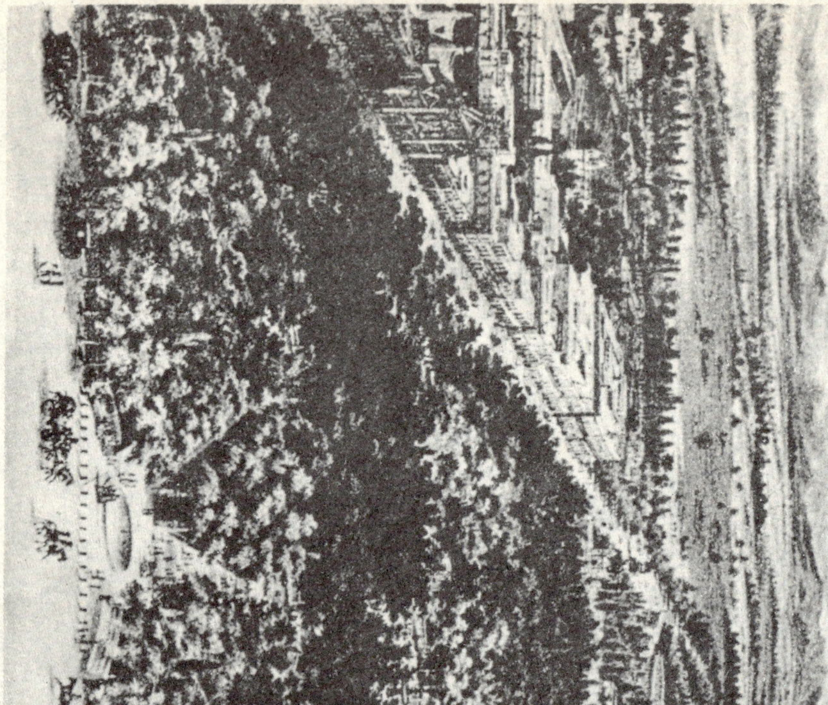

En el año de 1856, la calzada del Calvario, actualmente la avenida Juárez, ofreció este aspecto. En la litografía puede verse el convento de Corpus Cristi, la cárcel de La Acordada y la iglesia del Calvario.

Hacienda de San Nicolás el Grande cuya troje aún existe. Esta hacienda fué de los Condes de Santiago, llamada también Cuautepec, ubicada en el estado de Tlaxcala. Era una verdadera fortaleza. Según un óleo de la época.

Casa principal de la hacienda El Cabezon, según una pintura popular de 1850. Esta Hacienda tomó su nombre de don Pedro Cabezón, probablemente descendiente del soldado Cristobal Cabezón, soldado que formó parte en la conquista de México. Durante muchos años el mayorazgo perteneció a la familia Cañedo.

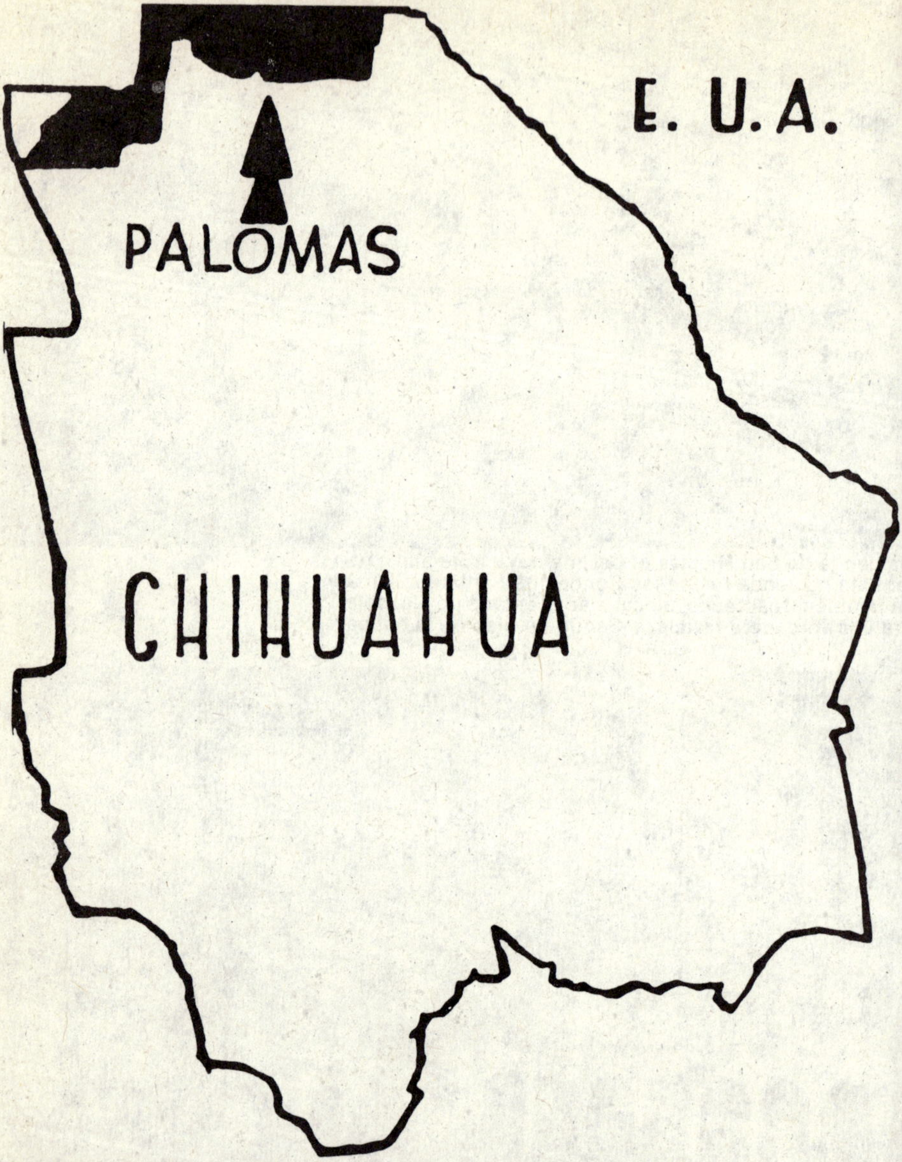

El famoso latifundio de Palomares en la línea divisoria entre México y los Estados Unidos de setecientas mil hectáreas que en nombre y por orden del presidente de la República Lic. Miguel Alemán fué nacionalizado pués pertenecía a una compañía extranjera la Sábalo Transportation C.O., tomó posesión a nombre del gobierno de este latifundio el Lic. Oscar Flores. Estos son los verdaderos actos patrióticos que la nación debe aplaudir.

cienda Ojo de Agua, 1960, del Lic. Roberto Ordorica.
la foto de izquierda a derecha Raúl Velasco, Ernesto
el, Jorge Ancona, Roberto, Tony Pascacio y Chava
rnández.

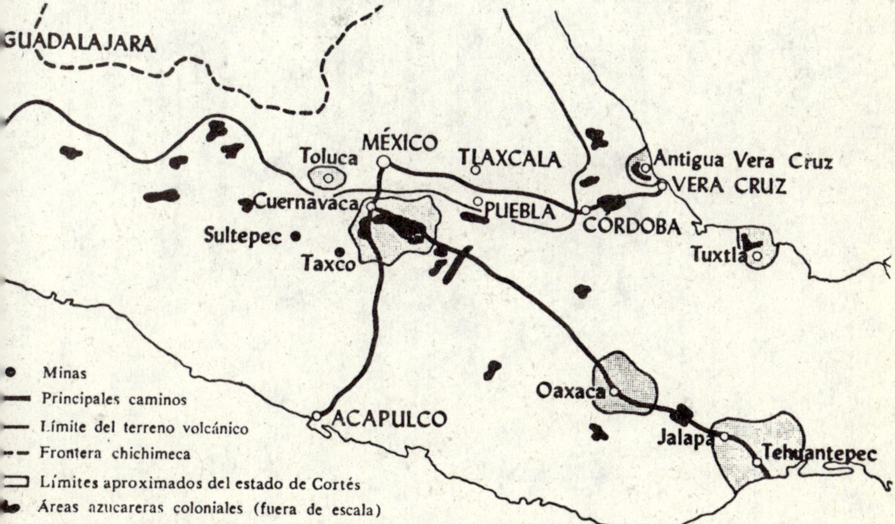

marquesado de Hernán Cortés.

Trapiche del siglo XVI.

ıchada de la hacienda azucarera de Vistahermosa, hoy
ɔnocido hotel en el estado de Morelos. Foto del autor.

x-casco de la hacienda de Casasano.

Hacienda azucarera de Atihuayán en el Estado de Morelos y que fué tomada por las tropas revolucionarias de Emiliano Zapata.

Hacienda de Cocoyoc, estado en que se encontraba antes de ser restaurada y convertida en hotel.

Hacienda de Miacatlán. Oleo de Luis Coto.

Iglesia de la hacienda de Temixco.

Fachada de la hacienda de San Gabriel en el actual estado de Morelos.

Uno de los balcones de la hacienda de San Gabriel

ı vista de la exhacienda azucarera de San Gabriel en
:stado de Morelos, cuando todavía funcionaba como
enio azucarero.

hacienda de Tenango. Foto tomada por el célebre
olo Martínez del Río, quien fuera marido de la actriz
lores del Río.

Ex-hacienda azucarera de Cocoyotla.

San Andrés Tuxtla Veracruz, en cuyos alrededores Hernán Cortés en 1522 plantó las primeras cañas que llegaron a México y montó el primer trapiche.

ılderas del siglo XVIII que existían en las haciendas
ucareras de lo que hoy es el estado de Morelos.

ılacio de Cortés en la Ciudad de Cuerr avaca.

Estado en que se encontraba la ex-hacienda de San Antonio Atlacomulco antes de ser reconstruida por su actual propietario.

Estado en que se encontraba la exhacienda San Antonio Atlacomulco antes de ser reconstruida.

Una de las puertas de la hacienda de San Antonio Atlacomulco, ex-hacienda de Cortés, cuando se estaba reconstruyendo.

Actual estado de la Hacienda de San Antonio Atlacomulco, ex-hacienda de Cortés. Jardines.

Entrada principal de la ex-hacienda de Cortes.

Actuales jardines y alberca de la Hacienda de San Antonio Atiacomulco.

:apilla de la hacienda de Molino de Flores. Fotografía omada de la obra de Manuel Romero de Terreros, Antiguas Haciendas de México.

CAPITULO TERCERO

EL SISTEMA HACENDARIO EN MEXICO

Durante el Virreinato, la agricultura y la ganadería del país descansaban en las numerosas haciendas cuyas extensiones de tierra eran, en muchos casos, sorprendentes. Los viejos cascos que aún quedan, algunos restaurados, ofrecen apenas una pequeña idea de lo que fueron estas haciendas, inicialmente obtenidas como "mercedes reales", en recompensa a servicios prestados, en diferentes formas, a la corona española.

Sus primitivos poseedores las heredaron, vendieron, o permutaron por otras propiedades, al amparo de leyes vigentes en aquellas época, sin que falten los cascos en que dichas propiedades fueron fraccionadas entre parientes o amigos de sus dueños.

En el sistema hacendario, que se origina en el siglo XVI después de la conquista, y casi sin límites hasta el XIX, se anclaba la economía agropecuaria de la Nueva España y la importancia de estas haciendas estuvo siempre en consonancia con el linaje y posición económica de sus poseedores.

Debemos señalar, sin embargo, que no solamente nobles señores, miembros de familias distinguidas, fueron poseedores de estos latifundios, sino entre sus grandes propietarios figuraron también órdenes religiosas; podemos decir que de la basta red de haciendas que existieron durante la colonia había diferentes jerarquías, de acuerdo con el diámetro y ubicación. A unas se les habilitó como cabeceras de mayorazgo o de bienes libres; a otras de "beneficio", o mineras, y en renglón aparte, las azucareras, con o sin ingenios; además de las pertenecientes a órdenes religiosas; figuraron dos importantes: Los Carmelitas, y en forma prepotente, los Jesuitas.

Entre las grandes propiedades usufructuadas por los Jesuitas, figuran las Haciendas de Chapingo, Santa Lucia y Xalpa, nombres que resultan familiares por haberse conservado hasta la fecha.

En Chapingo, sobre los viejos muros levantados por los padres Jesuitas, se construyó la actual escuela de agricultura, de la que ya han salido varias generaciones de ingenieros agrónomos.

El antropólogo e investigador Henry Georges Ward formó parte de una comisión inglesa compuesta por Lionel Harvey y Charles O'Gorman, quien después fue Cónsul General de Inglaterra en México y antepasado del historiador mexicano Edmundo O'Gorman y de otros personajes. La comisión fue enviada por el ministro británico George Canning en el reinado de Jorge IV. Ward visitó Chapingo a principios del siglo pasado (1823), y dice: "Chapingo es uno de los ejemplares más hermosos de las haciendas mexicanas; sus tierras son fértiles y tiene magníficas construcciones". Fue Ward contemporáneo del entrometido embajador norteamericano Poinsett; publicó **México en 1827,** que contiene apuntes y litografías acerca de nuestro país.

El poderío económico de la Sociedad de Jesús fue anulado por el monarca español Carlos III (1716-1788), a quien algún historiador llamara "el déspota ilustrado". Pero es cierto que en la historia de España se guarda gran respeto y admiración por este rey, a quien se debe, entre otras cosas, la construcción del actual Palacio Real de Madrid.

El rey, abrumado por la cantidad de quejas y denuncias que de todos sus dominios de América le llegaban en contra de los Jesuitas, después de ordenar investigaciones que las comprobaran y seguramente influenciado por otras órdenes monásticas que sostenían rencillas con los acusados, dispuso que todos los miembros de la orden (1767) fueran expulsados de los territorios españoles.

Las haciendas de Santa Lucía y Xalpa eran igualmente extensas y productivas. En Santa Lucía se ubica actualmente el aeropuerto militar de ese nombre, y en la de Xalpa, existe en la actualidad, una planta lechera.

A finales del siglo XVII, el viajero italiano, Giovanni Francesco Gemelli Careri, llega por estos rumbos (1697), en busca de datos y aventuras, recorre la planicie donde se levanta Santa Lucía y deja escrito en su célebre libro **Giro del Mondo** volumen V y VI:"Salí de Pachuca y Real del Monte el Sábado 20 de Marzo de 1697 a buena hora, y habiendo andado siete leguas por camino plano, llegué a comer al mesón del pueblo de Tizayuca. De allí, andadas dos leguas, fui a dormir a Santa Lucía, hacienda de los Padres Jesuitas, perteneciente al noviciado que tienen en Tepotzotlán. Esta hacienda comprende muchas leguas de pastos y labores. Hay en ella más de cien negros casados, que viviendo en sus cabañas, se multiplican con grandísima utilidad de los padres, pues los venden en trescientos y cuatrocientos pesos cada uno. Las ovejas serán ciento cuarenta mil; los caballos y yeguas, cinco mil y las vacas y bueyes, diez mil''.

Así nos damos cuenta que no faltaron motivos al rey don Carlos, para alejar a los Jesuitas de sus dominios, ya que por esas fechas los buenos padres ya negociaban no solamente con granos y ganado, sino igualmente con los negros (comercio de esclavos).

No creemos que el italiano pudiese haber contado por sí mismo las cabezas de ganado de las que nos habla; alguien se lo debe haber platicato, (mantuvo gran amistad con don Carlos de Sigüenza y Góngora, poeta, historiador, geógrafo y Jesuita (1645-1700), pero aún descontando las posibilidades exagerativas del italo, eran muchos miles de bovinos, lanares y caballadas los que enriquecían al patrimonio de estos siervos del Señor.

Sólo tenemos conocimiento de otro libro de viajes a través del Pacífico entre China y la Nueva España, que fue publicado antes que el de Gemelli, es el del misionero Pedro Cubero

Sebastían, que dio la vuelta al mundo entre 1670-1674. Sin embargo el relato de Gemelli lo consideramos superior en lo que se refiere al México antiguo, Gemelli, describe curiosamente desde su llegada al puerto de Acapulco, hasta su partida por Veracruz.
Pero volviendo a nuestro tema acerca de la hacienda de Santa Lucía.

Este enorme latifundio desaparece casi totalmente durante el primer tercio del siglo pasado, después de obtenida la Independencia Mexicana, en virtud de la promulgación de la ley llamada de "desvinculación de mayorazgos y otros motivos" (1823). Su último propietario, con olor a grandeza y lo fue el tercer Conde de Regla, don Pedro Romero de Terreros, fundador del Montepio.

Los padres de la sotana café, los carmelitas, no se quedaban atrás en esto de poseer tierras y haciendas de incalculable valor. De ellos fueron las de "San Nicolás Peralta" y "Santa Catarina", ubicadas en terrenos que hoy pertenecen al Estado de México: Lerma y Valle de Bravo.

A los Carmelitas no les fue tan mal como a los de la sociedad de Jesús, porque ellos ni fueron expulsados, ni expropiados y todavía en 1830 pudieron vender sus propiedades al rico aristócrata don Gregorio de Mier y Terán, a quien se le llamaba el Rothchild mexicano, por su fortuna. En 1847, don Gregorio donó cuantiosas sumas para el sostenimiento de la guerra contra Estados Unidos. Invadido el país, se negó a entregar semillas al invasor de su hacienda de "San Nicolás Peralta".

Andando el tiempo, la hacienda de San Nicolás Peralta, propiedad entonces de uno de sus descendientes, don Ignacio de la Torre y Mier, fue remozada bajo la dirección de un arquitecto inglés contratado por don Ignacio, cuya intervención no resultó muy afortunada. En la actualidad, lo que queda de la vieja construcción se conserva en buen estado. Lo mismo puede decirse de "Santa Catarina".

Según un interesante estudio publicado por James W. Wilkie, **México visto en el siglo XX**, el expresidente Emilio Portes Gil, "el clero —declaró— en la época del general Porfirio Díaz, en 1910, era dueño, en los estados de Puebla, Michoacán, Oaxaca, Guanajuato, Jalisco y Distrito Federal, de quinientas propiedades, principalmente haciendas, fincas y ranchos". El valor de los bienes del clero, en 1910, se ha calculado en más de ochocientos millones de esa época, o sea pesos oro.

Las cabeceras de mayorazgo tenían bajo su potestad a otras que se levantaban en la misma zona, pero se consideraban de menor importancia por estar ubicadas en lugares más alejados, y por tanto, con menores posibilidades de comunicación, sin que por ello dejaran de ser enormes latifundios. Con el tiempo hubo algunas como la de Enrique Creel, en Chihuahua, que llegó a extenderse hasta abarcar casi la mitad del estado. Se cuenta que en cierta ocasión le preguntaron: "¿Es usted de Chihuahua?, a lo que respondió: No, Chihuahua es mío". La frase con ciertos visos de autenticidad le fue atribuida al famoso gobernador de Chihuahua y general Luis Terrazas (1829-1923); además de político, Terrazas creó un imperio ganadero; se afirma que en un año herró ciento cuarenta mil becerros. La frase posteriormente se les endosó a varios, entre ellos a su propio yerno, Enrique Creel.

HACIENDA DE LA ERRE

Entre las cabeceras de mayorazgo, se cuenta la hacienda de la "Erre", así llamada porque la inmensa propiedad tenía la forma de esa letra. Se trata de una de las más antiguas del país data de 1535, en el estado de Guanajuato. Su primer propietario fue el sexto Mariscal de Castilla, don Tristán de Luna y Arellano (1510-1573), que fue uno de los conquistadores de la Florida.

Vino don Tristán a México con Hernán Cortés en 1530 de regreso de su primer viaje a España. Retornó a España por poco tiempo y regresó a México en 1533. Participó en 1540, con Vázquez de Coronado en la famosa expedición para descubrir el reino de Quivira. En 1551, fue gobernador de los estados del Marqués del Valle.

Del casco de la Hacienda de la Erre no queda casi nada, sóio unos cuantos paredones. En 1777 estuvo allí Fray Agustín de Morfi (1720-1783), orador y cronista, relata en su libro "Viaje de Indios", lo siguiente: "Esta hacienda es del Mariscal de Castilla, don Antonio de Luna Gorváez, y está destinada para la cría de ganado menor; tiene una plaza para jugar toros, una hermosa capilla, viña y huerta; tiene riego". En compañía de Teodoro de Croix, primer comandante de provincias, viajó y llevó un diario publicado bajo el título: "Diario del Nuevo México". (1777-1778). Escribió también, "Historia de Texas".

HACIENDA MOLINO DE FLORES

Otra famosa cabecera de mayorazgo lo fue la hacienda llamada "Molino de Flores" por rumbos de Texcoco, hoy Estado de México; el nombre le vino de que su primitivo dueño, don Antonio Urrutia de Vergara, la heredó a su yerno don Antonio Alfonso de Flores, en 1642. Su cercanía con la capital la convirtió en lugar de recreo y paseos de la nobleza, encabezada por los propios virreyes.

Urrutia de Vergara construyó a su costa gran cantidad de equipo para apagar incendios, convirtiéndose así, en precursor del cuerpo de bomberos de México. Fue dueño del palacio situado en la calle de los alguaciles mayores, llamada después Vergara (actualmente Bolívar). Fundó tres mayorazgos en los años 1666-1667.

Entre sus descendientes y herederos está su sobrino de nombre Juan Urrutia y Arana (1670-1743), segundo Marqués del Villar y del Aguilar. Benefactor de Querétaro, heredó el marquesado de su tío. Construyó el famoso acueducto de Querétaro de ocho kilómetros de largo.

En la actualidad, de la Hacienda Molino de Flores se conserva el casco bien cuidado y pertenece a la familia Cervantes.

HACIENDA DE LA ENCARNACION

Fue también cabecera de mayorazgo la Hacienda de la Encarnación, que data de 1557, edificada por rumbos de Tacuba, hoy distrito que forma parte de Tlalnepantla.

La concesión fue dada a sus primeros propietarios, Ana Macías y Juan de Andrade, por el virrey don Luis de Velasco.

Los virreyes, a partir de don Martín Enriquez de Almanza, (1580) hasta don Diego Fernández de Córdoba, Marqués de Guadalcazar (1624), otorgaron muchas mercedes a diferentes personas, tierras que luego formaron el Mayorazgo de la Encarnación. En 1652 pertenecía esta hacienda a don José Alvarado Argüello y a Teresa Ponce de León, su esposa.En 1692, la Hacienda de la Encarnación pertenecía a don Pedro Alonso Dávalos de Bracamontes, primer Conde de Miravalle, título que tomó de la hacienda de ese nombre, que poseía cerca de Compostela, en la Nueva Galicia (Nayarit), donde nació en 1645.

El título le fue concedido por Carlos II por cédula del 18 de diciembre de 1690. Era Caballero de Santiago, Canciller Mayor del Tribunal de la Santa Cruzada del reino de la Nueva España y patrono desde 1697 de las misiones de Baja California.

La Hacienda de la Encarnación subsiste aún y, en óptimas condiciones, el casco y su iglesia.

Hasta no hace mucho, figuraba como su propietario Rutilo Rojas, cuyo nombre también aparece en los años cuarentas, como propietario del ex-casco de la Hacienda de Cortés, en Atlacomulco.

Hacienda de Santa María Pipioltepec

Cabecera de mayorazgo de señora importancia fue la Hacienda de Santa María Pipioltepec, enclavada en lo que se llama Valle de Temascaltepec, que hoy lleva el nombre del caudillo de la independencia mexicana Nicolás Bravo, en el Estado de México. Su origen se remonta al año de 1611 y la concesión fue otorgada por el virrey don Luis de Velasco hijo, Marqués de Salinas, a don Pedro de Valencia, a quien puso la condición de no vender la propiedad durante cuatro años.

Apenas terminó el plazó, el señor Valencia se apresuró a vender a don Jerónimo de Cuevas Girón, que fue el que fundó el mayorazgo. En 1617, los indígenas del Valle de Temascaltepec alegaron ser dueños de esas tierras, pero en 1618, Felipe III, por real cédula, confirmó las concesiones. En 1639, doña Leonor de la Cueva, hija de Jerónimo, recibió en dote la hacienda, pero su marido la vendió a Juan Juárez de Figueroa, regidor de la ciudad de México. En 1666, se remató a don Agustín Reynoso. En 1805, la adquirió por compra el coronel don Lorenzo Angulo Guardamino, quien agrandó el casco y construyó la capilla y acueducto. En 1841 la compró don José María de Garay y Arechavala, miembro de la antigua y noble familia a la que perteneció don Juan de Garay (1527-1583), fundador de la segunda y definitiva ubicación de Buenos Aires, Argentina, en 1580.

Don José María acrecentó la fortuna, adquiriendo además la Hacienda de los Morales, entonces en los aledaños de la Ciudad de México y ahora conocido restaurante.

En los últimos años, Santa María Pipioltepec, que se conserva casi completa en sus construcciones, fue adquirida por el ingeniero Gustavo P. Serrano, quien ha ocupado puestos de relieve en los gobiernos revolucionarios, como la Secretaría de Economía y la de Obras Públicas, etc. Actualmente se ha convertido en "camping" para niños en el verano, dirigido por la señora Margarita Serrano de Ortiz Tirado.

HACIENDA SANTA ANA APACUECO

De las más importantes cabeceras de mayorazgo, fue la Hacienda de Santa Ana Apacueco, cuyas dimensiones resultaban impesionantes; sus tierras penetraban en dos estados que actualmente son Guanajuato y Jalisco, desde Pénjamo en el primero, hasta Tepatitlán el Alto, en el segundo. Data también de 1557 y figura el propio virrey, don Luis de Velasco, como el otorgante de estas mercedes.

Entre sus primeros propietarios se cuenta Juan Gutiérrez Altamirano, quien fuera primo y albacea del hidalgo de Extremadura, Hernán Cortés. Posteriormente de su nieto, el capitán Estrada Altamirano.

A principios del siglo XVIII, la adquirió don Pedro Sánchez de Tagle, Caballero de Calatraba, Obispo de Durango y Michoacán, que llegó a la Nueva España como fiscal de la inquisición de la que llegó a ser decano. Gobernador de Michoacán (1757), edificó el palacio de gobierno del actual estado. Entre sus familiares estuvo Francisco Manuel Sánchez de Tagle (1782-1847), poeta y político, que estuvo entre los que firmó el acta de independencia de México (1821) y que llegó a ser gobernador del Estado de México. También fue dueño de la Hacienda de Goicochea, por rumbos de San Angel, actualmente conocida como restaurante San Angel Inn.

En la Hacienda de Goicochea, pasó varias temporadas (1859) el poeta español José Zorrilla, autor de Don Juan Tenorio, que estrenó en México en 1865.

La familia Sánchez Tagle, que se cuenta entre los principales propietarios de la Hacienda de Santa Ana Apacueco, se ufanaba de una inscripción que en la vieja hacienda existía:

"Tagle se llamó
el que la sierpe mató
y con la infanta casó"

Visión de la edad media, es este que quiso ser poema y nos recuerda a la princesa cautiva de los pétreos castillos circundados por un foso, donde la imaginación del medievo aseguraba la existencia de un dragón que resguardaba la doncella hasta que llegaba el apuesto príncipe que, espada en mano, abatía a la bestia y rescataba a la bella.

HACIENDA SANTA MONICA

Fantasía y leyenda rodean a las viejas haciendas coloniales, como es el caso de la de "Santa Mónica", por rumbos de lo que hoy es "Ciudad Satélite", (Tlalnepantla, antigua jurisdicción de Tacuba), donde se construyó una colonia residencial que lleva su nombre.

En 1573 estos terrenos fueron vendidos a la orden religiosa de San Agustín de México. Fundaron los agustinos la Hacienda de Santa Mónica, en honor de la madre del Obispo de Hipona. Posteriormente fueron sus dueños don Blas Mejía, don Diego de Mendiola (1706), doña Francisca de la Canal, Marquesa del Valle de la Colina (1735). Su hijo Pablo Antonio vendió a don José González Calderón, en 1764, siendo este último quien construyó el casco que aún subsiste.

Existía un retrato de don José González Calderón en el Museo nacional de Chapultepec (1955) con los siguientes datos: caballero profeso de la Orden de Santiago, alcalde de la ciudad, cónsul y prior del real tribunal del consulado, tesorero, diputado, etc. En 1833, la compró don Angel Bezares y en 1840, don Manuel de Castro; después don Juan de la Cajiga y don Francisco Fuente Pérez.

En 1881, don Nicolás de Teresa fue el propietario, quien la conservó hasta fechas recientes.

Aseguraban en tiempos pasados que esa hacienda fue propiedad de "La Malinche", o sea doña Marina, que algunos han llamado "la dama de la conquista", por haber tenido gran participación en ella, al lado de Cortés.

En el viejo y bien conservado casco de la hacienda, existe una pila de baño que se presenta al visitante "como el baño de doña Marina". Es dudosa en virtud de que la pileta está revestida con azulejos que se fabricaron hasta el siglo XVIII, y lógicamente la amante de Cortés no pudo haberlos conocido. Pero sería irreversible destruir de un tajo cualquier leyenda, cuando ésta resulta bella y no hace daño a nadie. Algo debe haber que originó la leyenda, como es el hecho de que la propiedad en algún tiempo fue de una señora llamada Marina de la Caballería, esposa del tesorero Alonso de Estrada, uno de los primeros oficiales reales enviados por Carlos V a la Nueva España (1527). Fue inquisidor. Se decía que era hijo natural del rey Fernando el Católico. Estrada sustituyó al licenciado Marcos de Aguilar y gobernó la audiencia, en diciembre de 1528. El virrey, don Antonio de Mendoza en 1545 le hizo merced de Caballería a la viuda de Estrada.

Pero nada tuvo que ver con la bella esclava de Jaltipan, "La Malinche", esta otra doña Marina con la que el cacique de Tabasco obsequiara al conquistador como muestra de amistad y sumisión.

En el devenir de cuatro siglos, "La Malinche" se convierte en personaje de historia y leyenda.

El escritor, Edison Marshall, dice: "Marina era hija de un gran cacique, consejero del padre del Emperador Moctezuma; al fallecer su padre, ella se convierte en cacica de numerosas poblaciones y aldeas. Pero su madre casó en segundas nupcias con un hombre más jóven que ella, y como consecuencia de su lujuria hacia el nuevo marido, conspiró con éste para despojar a Marina de todo cuanto poseía, de modo que el joven pudiera llegar a ser cacique en su lugar. Una joven esclava había muerto, lo que aprovechó la malvada madre de Marina y el marido para correr la voz de que era su hija la que había muerto, como resultado de una enfermedad maligna. Le entregaron dinero a unos traficantes de esclavos para que se la llevasen a tierras lejanas de Tabasco, y éstos a su vez, junto con otras diecinueve esclavas, se las regalaron a Cortés, quien a su vez se la pasó a Alonso Hernández Portocarrero''.

J. Jesús Figueroa Torres le llama ''la primera ciudadana mexicana de la historia'' y asegura, cotejando datos y viejos escritos, que nació en un lugar del hoy Estado de Jalisco.

Frente a las diferentes versiones que señalan distintos lugares como tierra cuna de La Malinche, no puede emitirse un juicio afirmativo con respecto a ese punto. Si a lo largo de cuatro siglos, los historiadores no han logrado ponerse de acuerdo sobre el lugar exacto donde nació la llamada ''dama de la conquista'', sería jactancioso por parte nuestra dar un lugar determinado como el seguro e irrefutable, de su nacimiento. Sin embargo, nos parece congruente y aceptable la versión de que nació en el pueblo de Painala, ubicado entre los límites de los estados actuales de Veracruz y Tabasco.

Entre quienes sostienen esto se cuenta, como ya se ha visto, al ameritado maestro e investigador veracruzano don Gustavo A. Rodríguez, médico de profesión que, dicho en su honor, gozó de gran reputación por sus técnicas exclusivas en tratamientos de vías urinarias.

Lo que no puede negarse en ningún momento es que La Malinche fue vendida al cacique Tabaschok, señor de aquellas tierras, quien, junto con otras esclavas, las obsequió a Cortés para congraciarse con él a su paso por Tabasco.

Entre todas estas historias que parten o convergen en el tema de la conquista, existe una muy temeraria; la relata en su libro **Doña Marina una india ejemplar** J. Jesús Figueroa Torres, quien afirma que la ejecución de Cuauhtémoc ordenada por Cortés, más que motivos de tipo político, económico, o cualquier otro ligado a la empresa de la conquista, tuvo un fondo pasional. Dice el autor:

"Pues era tan visible el enamoramiento que mostraba Cortés por doña Isabel de Moctezuma, que su padre había comprometido en matrimonio con el joven Cuauhtémoc, que el conquistador, pretextando una sublevación de los indios, mandó ahorcar a su rival en amores, en el más horrendo crimen pasional.

En lo anterior existe un dato equivocado: que el emperador Moctezuma la había comprometido en matrimonio a Cuauhtémoc. No es así, el compromiso fue con Cuitláhuac, con quien contrajo matrimonio. Poco después, fallecido éste, víctima de la viruela, la tomó por esposa Cuauhtémoc y junto con ella fue aprehendido a bordo de la embarcación en que trataba de huir, durante el sitio de la Gran Tenochtitlán.

Misterio y leyenda rodean el lugar de su nacimiento y de su muerte. No puede descartarse la versión de que falleció en España, según afirman algunos historiadores, después de casar en Ostotipaco Huilapam, cerca de Orizaba, con Juan Jaramillo, cuando Cortés y sus hombres marcharon hacia las Hibueras. Pero tampoco puede descartarse la posibilidad de que, años después, regresara a México y muriera en Texcoco, donde se dice le dió sepultura su hijo, el primer Martín Cortés.

Con Juan Jaramillo tuvo una hija que se llamó María, que casó con Luis de Quezada. Cuando la conquista quedó consumada, se les dio a doña Marina y a su marido un solar en la cercanía de Chapultepec, en 1528, al cual se le agregó una huerta que fue de Moctezuma, según afirma el historiador Federico Gómez de Orozco; tuvo también la encomienda de Jilotepec.

Por su parte, Juan de Jaramillo, que murió después que la Malinche, se volvió a casar. Para el consenso nacional, doña Marina, o "La Malinche", cobró el estigma de traición a su raza, pero es innegable que en varias ocasiones influyó en el ánimo del conquistador para favorecer a los nativos, como lo es que su amor y sumisión hacia el extremeño la hizo actuar con decidida parcialidad.

En cuanto a sus sentimientos, existe un hecho que los revela en forma positiva: Cuando el conquistador y sus hombres, camino a las Hibueras pasaron por el pueblo de Marina, aún vivía su madre y el marido, quienes se le presentaron, y ésta, lejos de recriminarlos o manifestarles desprecio, los colmó de obsequios y cuidó se les ayudara en la mejor forma.

"La Malinche", personaje de historia y leyenda, dió lugar a una vieja y conocida conseja mexicana, la de "La Llorona", un fantasma creado por la imaginación popular a mediados del siglo XVI. El espectro de una mujer, vestida de blanco, recorría por las noches algunas calles del centro de la Ciudad de México, gimiendo dolorosamente e impresionando con sus gritos desgarradores a la ingenua población de aquellos días, que se encerraba en sus casas, pero decía escuchar sus lamentos. La propia leyenda aseguraba que esa "alma en pena", era nada menos que doña Marina, condenada a través de los siglos a llorar por la traición cometida a los de su raza para ayudar a los conquistadores.

Esta leyenda creció asombrosamente y el fantasma de "La Llorona" invadió, por así decirlo, a todo el país, señaladamente a las poblaciones pequeñas, donde se aseguraba que también por ahí andaba la penitente.

El escritor y arqueólogo cordobés Ramón Mena Isassi, quien si hizo famoso nacionalmente por la polémica que sostuvo con Alfonso Caso sobre la autenticidad de las joyas de Monte Albán, dedicó a doña Marina el que fuera el último poema de su vida. Por su belleza y valor histórico lo reproducimos:

"La Malinche"

La de dulce ademán, la que ponía
amor en la mirada y en la lengua natía,
la que llenó sus ojos del paisaje
traduciendo las voces del ferrado señor.
Y tal cual vez
sirvieron de aspeilleras al coraje
de don Hernán Cortés,
quien, tú, poeta,
dulce pimpinela.
¡Oh Malinalli! nombre de planta de flor
eres aún la raja de canela
en el chocolate del conquistador
Trenzados los cabellos a la tototana,
surges en la conquista como diosa pagana,
púbero el busto que levanta el blanco
huipil llena de luz,
el chincuetl plegadizo que te modela el flanco
y los mórbidos brazos que levanta en cruz
indígena llana;
Aroma y gracia fundes en rosa castellana
Por tí, media conquista es.
Y cada noche gime tu voz en la campana
que lame los "clamores por don Hernán Cortés".

H. Córdoba, Veracruz 20-XI-1960.

HACIENDA TLAHUELILPAN DE SAN FRANCISCO

Los virreyes, con facultades reales, concedían mercedes y tierras a su libre albedrío.

De acuerdo con las circunstancias y conveniencias regalaban vastas porciones de llanos y bosques a sus elegidos.

Pero en ocasiones el propio rey era quien concedía estas gracias. Así es el caso en lo que fue la enorme Hacienda de Tlahuelilpan de San Francisco y el pueblo del mismo nombre, concedido con cierto espíritu de justicia a don Pedro Moctezuma Tlacahuepan, hijo del emperador azteca, en cuyas manos estaba el imperio mexicano cuando los conquistadores se posesionaron de sus dominios. Don Pedro fue a España, y logró la rehabilitación de algunos de sus bienes.

Por cédula real del 20 de Septiembre de 1540, el Rey de España y Emperador de las Indias, Carlos V, concedió al vástago del destronado Moctezuma el gobierno de la provincia de Tula con todas sus tierras, montes y aguas. Una enorme extensión. Así nació esta hacienda en lo que hoy es parte del Estado de Hidalgo. Pero no duró la gracia concedida a don Pedro. Poco después, los virreyes desconocieron la voluntad del soberano y comenzaron a dividir la propiedad para favorecer a otras personas reduciendo el patrimonio del señor Moctezuma.

Entre los favorecidos figuraron órdenes monásticas como los "Hermanos Franciscanos", quienes levantaron sobre esas tierras iglesia y convento.

El escudo de armas le fue concedido a don Pedro el 11 de Septiembre de 1570. En el año de 1627 le fue concedido a don Pedro de Tezifón Moctezuma el Condado que lleva su nombre (Tula), posteriormente convertido en Ducado (1865). Sin valor en México, este último Ducado. Gemelli en su ameno libro, también nos informa, que en 1697 en la iglesia de Santo Domingo se encontraba la capilla de Don Pedro Moctezuma. Y era Virrey el Conde José Sarmiento B. Moctezuma y Tula.

En la actualidad, el antiguo mayorazgo pertenece al municipio de Tlalcoapan, distrito de Tula, Hidalgo.

Cabe agregar que don Pedro Moctezuma (Tlacahuepan) es el fundador de una familia a la que España incorporó a su nobleza y que hasta la fecha figura en el directorio de los "grandes de España": Los Condes de Moctezuma Fultengo y Tula. Como dato interesante puede decirse que hace unos treinta años, en los cincuenta, fungió como alcalde de Madrid un Conde de Moctezuma, quien se mostraba orgulloso de su origen y se empeñó en visitar a México, a pesar de que en esa época no existían relaciones diplomáticas. El conde vino extraoficialmente; fue objeto de innumerables atenciones y de manera privada fue recibido en su domicilio particular por el regente de la Ciudad de México que era el licenciado Fernando Casas Alemán.

Con el tiempo, la hacienda de Tlahuelilpan fue propiedad de don José Gómez de la Cortina, que fundó, con ella y con otras haciendas, su mayorazgo (Condes de la Cortina).

HACIENDA EL JARAL

Otro de los grandes mayorazgos de la época colonial fue presidido por la ya legendaria hacienda "San Diego del Jaral", famosa por sus toros y caballos: "Para los toros del Jaral, los caballos de allá mesmo".

Esta hacienda se ubicó originalmente sobre terrenos de lo que hoy son los estados de Zacatecas, y San Luis Potosí.

A don Miguel de Berrio y Saldívar, al concederle el rey Carlos III, en 1774, el título de Castilla, escogió el de Marqués del Jaral de Berrio, que pasó a sus descendientes.

La vieja propiedad se liga a la historia del México independiente. El 7 de julio de 1817, cuando Francisco Javier Mina, el joven español que vino a luchar al lado de los independientes mexicanos llegó a la hacienda de "El Jaral", logró apoderarse de caballos, víveres por valor de ciento cuarenta mil pesos oro y, según se dice, de unas barras de plata que había allí, propiedad de los dueños, sin saberse más su paradero.

Sin embargo, cuando Mina fue derrotado en la hacienda de "La Caja" y fusilado después en el fuerte de "Los Remedios'', nada se pudo encontrar entre sus pertenencias, o de las de sus soldados, ninguna barra de plata. Según Fray Servando Teresa de Mier, fueron los soldados españoles quienes se las apropiaron.

Fue uno de los famosos caballos del ''jaral'', llamado ''Tambor'', a quien el escultor Manuel Tolsá tuvo como modelo para hacer la estatua ecuestre de Carlos IV, que hasta hace poco era el guardian de acceso a nuestro moderno ''Paseo de la Reforma'' y fue trasladado a la plazoleta frontal del ''palacio de Minería'', también construido por Tolsá, en la vieja calle de Tacuba.

HACIENDA MANGA DE CLAVO

Existió en el estado de Veracruz una hermosa hacienda que más por su extensión o suntuosidad, se recuerda por su historia: ''Manga de Clavo''.

Fue el refugio de don Antonio López de Santa Anna (1794-1876) ex realista, general del ejército mexicano, once veces presidente de la república, hombre de controversia. Con sus lumbres y sus sombras, héroe y villano, soldado de fortuna, amalgama de triunfos y derrotas. Se le acusa, se le defiende, y al final de cuentas, el juicio le resulta adverso, porque como él mismo dijo en sus memorias, ''La historia la escriben los vencedores''.

En la historia de México, Santa Anna aparece, después de graduarse como cadete, con el grado de alférez, combatiendo a los insurgentes. Poco después, al promulgarse el Plan de Iguala por Iturbide, Santa Anna se suma a la revolución de independencia y le toca recibir en el Puerto de Veracruz a quien fuera el último virrey de la Nueva España, don Juan O'Donojú. Lo escolta hasta la ciudad de Córdoba donde se reúne con Iturbide y se siembran los cimientos de la Independencia de México al firmarse el tratado de ese nombre, en Agosto de 1821. El representante del rey reconoce la autonomía política de México.

La Hacienda de Manga de Clavo, a la caída de Santa Anna y su marcha al exilio, en forma inexplicable cae en completo abandono y desaparece lentamente. A la fecha sólo quedan, destruidos, paredones perdidos entre la maleza. Nada nos dice de su antiguo esplendor, nada revela que ese sitio fue teatro de dramáticos acontecimientos de la historia de México durante casi dos décadas. Allí redactó Santa Anna sus famosas proclamas, hasta allí concurrieron a ofrecerle la presidencia de la república en cuatro ocasiones; de allí salió acompañado de unos cuantos de sus hombres para el Puerto de Veracruz a combatir a los invasores franceses, batalla en la que una granada le llevó su pierna derecha; allí también encontraba refugio y apartamiento en sus derrotas políticas y militares, que fueron muchas. Y también en ese mismo sitio se tejieron muchas de sus intrigas que afectaron al país.

Cuando la Marquesa Calderón de la Barca, en compañía de su esposo que había sido designado primer Embajador de España ante el gobierno mexicano, llegó a Veracruz, (1840) quiso conocer, camino hacia México, al general Santa Anna que vivía en la Hacienda Manga de Clavo. Allá fué la Marquesa en pos del discutido personaje de quien ya sabía mucho sobre su vida.

La escritora describe su llegada al retiro de don Antonio: "Ayer nos levantamos a las dos de la madrugada, a la luz de las velas, con la agradable perspectiva de salir de Veracruz y conocer a Santa Anna... a eso de las cinco llegamos a "Manga de Clavo", después de pasar durante leguas a través de un jardín natural que es propiedad de Santa Anna; la casa es hermosa; conducidos a una estancia amplia, fresca y agradable, amueblada con parquedad, en la que no tardó en presentarse la señora Santa Anna, alta, delgada, bien vestida, espléndidos aretes de diamantes, muy amable. Nos presentó a su hija Guadalupe y poco después hizo su entrada el general. Muy señor, de buen ver, vestido con sencillez, con una sombra de melancolía en el semblante, con una sola pierna, con algo peculiar del inválido, y para nosotros la persona más interesante del grupo. De color cetrino, hermosos ojos negros de suave y penetrante mirada e interesante la expresión de su rostro... es un hombre que después de haber vivido en el mundo ha encontrado que todo en él es vanidad e ingratitud, y si alguna vez se le pudiera persuadir en abandonar su retiro, sólo lo haría al igual que Cincinato, para beneficio de su país. Es curioso cuán frecuente es encontrarse una apariencia de filosófica resignación y de plácida tristeza en el semblante de los hombres más sagaces, más ambiciosos y más austeros. Calderón le entregó una carta de la reina, escrita en el supuesto de que todavía fuera presidente, la cual pareció complacerle mucho, pero que sólo suscitó de su parte una inocente observación: ¡Qué bien escribe la reina!... en conjunto resultó ser un héroe mucho más fino de lo que yo esperaba. Si hemos de juzgar por el pasado, no habrá de permanecer largo tiempo en su actual estado de inacción, ya que además, según Zavala, posee en su interior un principio de acción que le impulsa siempre a obrar". Cosas de la Marquesa.

Sabido es que la escritora era escocesa y que su nombre de soltera era Francis Erskino Inglish. Por eso resultan de mayor mérito sus escritos sobre México, y el profundo conocimiento que sobre el país adquirió durante los dos años y días que permaneció en la nación.

Sus ligas y amistad literaria con famosos escritores de aquella época fueron valiosos auxiliares para su obra escrita. En Boston hizo amistad con el ilustre investigador William Prescott (1796-1859), autor de uno de los libros más famosos y documentados que se han escrito sobre México: **Historia de la Conquista de México.** Se dedicó Prescott especialmente a la historia del imperio español.

Durante su estancia en este país trabó amistad con literatos, poetas, novelistas y escritores de fama como fueron: Manuel Paynó, Carlos María de Bustamante, Lucas Alamán y muchos más.

Cuando la escritora regresó a España, acompañando a su esposo, designado ministro del reino, hizo vida social y literaria muy activa. Sus tertulias y recepciones en Madrid fueron famosas y recordadas durante mucho tiempo. Su correspondencia epistolar, seleccionada, originó su libro **La vida en México.** Se publicó en inglés, en Boston, en 1843; posteriormente se tradujo al francés y no fue sino hasta el año de 1920 que aparece por primera vez en español.

Escritores e investigadores de valía han calificado a este libro como la obra mejor documentada, autorizada y más estimable para dar a conocer objetivamente una vasta época de lo que fue México a raíz de su independencia, como naciente república y, fundamentalmente, sus costumbres y la vida de sus habitantes entre los diferentes estratos sociales que la integraban. Lamentablemente esta obra no ha obtenido la promoción debida, no se le ha estimado como provechosa fuente de información.

Por su lealtad a la familia real de España, con quien convivió e intimó como preceptora de la infante viuda Isabel, años después que había muerto su esposo en la ciudad de San Sebastián, el rey Alfonso XII le concedió el título de Marquesa (1874), a través del cual se le conoce, cuando ya era de edad provecta y su fin estaba cercano (Estuvo retirada en un convento en Anglet, cerca de Biarritz).

HACIENDA EL LENCERO

Otra residencia campestre de don Antonio López de Santa Anna fue "El Lencero", próxima a Jalapa y no muy lejana de "Manga de Clavo". Esta hacienda ha conservado su casco en magníficas condiciones hasta la actualidad. Sus exteriores e interiores lucen como debieron estar en aquellos días que la habitó su novelesco propietario que se hizo llamar "Alteza Serenísima". Muros pulidos y remozados y la mayor parte del mobiliario original en impresionantes condiciones de conservación.

"El Lencero" fue escenario de la luna de miel (1844) de su "Alteza Serenísima", en segundo matrimonio con doña Dolores Tosta, con quien casó por poder en la Ciudad de México y se reunió después con él en esta hacienda donde quedó ratificado el matrimonio.

Las crónicas periódisticas de aquellos días describen con amplitud lo fastuosa que fue la recepción nupcial ofrecida por el "general presidente, benemérito de la patria y defensor de la ley, don Antonio López de Santa Anna". Por títulos no quedaba.

La hacienda tenía cañaverales y trapiche además de amplias tierras con riesgo y magníficas instalaciones en su interior. En cuarenta y cinco mil pesos, suma muy crecida para aquella época, la adquirió don Antonio, pero en el precio no estaba incluido el trapiche, ni los sembrados cañeros. No importaba mucho al comprador esa circunstancia porque nunca fue agricultor profesional, y sus propiedades, como lo fue "Manga de Clavo", eran para recibir a sus amigos, ofrecer suntuosas fiestas y organizar peleas de gallos.

A la muerte de Santa Anna la hacienda fue pasando por muchas manos y actualmente (1980), sin perder sus olor antiguo, ni su imagen legendaria, pertenece a la señora Lourdes Ortiz Monasterio, dinámica publirrelacionista.

HACIENDA DE OMETUSCO

Fue ésta una hacienda pulquera, cuya historia relata con amplitud y amenidad don Eduardo León de la Barra en un libro de reciente publicación: **Los de Arriba.**

"Ometusco era una antigua hacienda, situada en los llanos de Apan, a ochenta kilómetros de la ciudad pulquera de abolengo...; cerca de la hacienda hay lugares interesantes: Una gran presa, los arcos de Zempoala, jagüeyes y las cuevas de Minilla donde, según la tradición, vivían los bandidos que atacaban a los carros cargados de plata que venían de las minas de Real del Monte, en el estado de Hidalgo. Ometusco pertenecía a tío Javier Torres, que se había casado con Georgina Formento. Cuando el tren se iba acercando, el maquinista pitaba tres veces espaciadas, pidiendo le cambiasen la luz para entrar a la estación y recordando a los del Tinacal que le tuviesen su jarro de pulque para seguir la jornada... La máquina se detuvo completamente. De los vagones: es especial y el particular de mi tío Ignacio Torres Adalid —todo de madera incrustada— empiezan a bajar alrededor de ochenta invitados. Quince caballos ensillados esperan... Los coches chicos esperan: Phatons, buggys caminan al paso y contrastando con esa estampa tranquila, los hermosos coches de mulas de San Antonio Ometusco compiten a todo galope''.

''Ometusco llevó el nombre principal de la bebida. Fray Diego Durán explica los ritos del décimo mes del año, que constaba de veinte días, al igual que los diecisiete restantes. En el décimo se celebraba la fiesta grande de los muertos y la de Xocotlhuetzi de los tepacaneca. Ese día había licencia para emborracharse con el aguamiel, excepto los mozos y mozas. Tenían ni más ni menos que por Dios, debajo de este nombre Ometochtli, que quiere decir dos conejos. Lo tenían por cosa divina viendo el efecto que tenía y fuerza de embriaguez''.

Prosigue don Eduardo León de la Barra: ''El regreso a México se hacía en jornadas, no había otra forma de comunicación, que los caballos y el tren desde San Bartolomé. El primer alto se hacía en la hacienda de San Antonio Ometusco; los señores aprovechaban para visitar los ranchos de Irolo, Guadalupe, Las Presas, San Xavier y el pueblo de Tepeapulco. En la segunda etapa pasábamos por San Lorenzo, propiedad de Alberto Guillén, las faldas de la hacienda de Tepetates, hasta Apan y Espejel, que pertenecía a mi tío Agustín Torres Rivas. De su tío abuelo, José Adalid, se decía ser el mejor conductor de tiros de varios caballos''. En San Bartolomé tomábamos el tren a México, y en Texcoco nos deteníamos unos días en el ''Molino de las Flores'', de la familia Cervantes.

El origen de Ometusco se remonta hacia 1568, durante el virreinatode don Martín Enríquez de Almanza (se comenzó a edificar la Catedral de México, San Pablo, Santa Clara, el desagüe de la laguna y el Tribunal de la Inquisición), quien cedió esas tierras a don Juan Yáñez para la cría de ganado menor.

Más tarde, en 1590, don Luis de Velasco, segundo Marqués de Salinas y octavo virrey de la Nueva España, (formó el Paseo de la Alameda) agrandó la propiedad con otra cesión en favor de don Juan López de Salcedo y, finalmente, en 1612, otro virrey, don Diego Fernández de Córdoba, Marqués de Guadalcázar, decimotercer virrey, (en cuyo honor así se llama la cafetalera ciudad veracruzana) concedió otras adjudicaciones que comprendían los terrenos colindantes que hicieron crecer la Hacienda de Ometusco.

A través de los años, la Hacienda de Ometusco tuvo varios propietarios hasta que llegó a manos de don Ignacio Torres Adalid, famoso filántropo mexicano, cuyo nombre nos recuerda una calle en el sur de la Ciudad de México. Don Ignacio incrementó los cultivos del maguey en sus tierras e hizo prosperar la importante industria que en aquella época representaba el pulque. No solamente este representante de la elite nacional era propietario de una hacienda de este tipo, fueron muchos los miembros de linajudas familias dedicadas a lo mismo durante la época porfirista.

De aquí proviene el nombre que un escritor asignó a la sociedad que brilló durante esa época: ¡Aristocracia pulquera!

Por su parte, madame Calderón de la Barca nos dice que Ometusco: "Antes de que empieze la temporada de aguas, hemos aceptado la invitación de nuestros amigos los Adalid para visitar algunas haciendas... Ayer a las cinco de la mañana salimos de México en un coche, que fue alguna vez propiedad de Carlos X, ¡qué lujo el de este coche de viaje de su ex majestad! El oro que lo cubre sólo respeta las flores... Con miras a especular lo compró un francés y lo trajo a México para venderlo... aquí, por primera vez, concebí la posibilidad de que me gustara el pulque... ¡Otra corrida de toros ayer por la tarde! Es como con el pulque, al principio le tuerce a uno el gesto y después se comienza a tomarle el gusto... La hacienda es hermosa y su vasto edificio se yergue solitario y desabrigado en medio de los magueyes; una bella capilla nos llamó la atención".

HACIENDA LUCAS MARTIN

Otra hacienda con mucho sabor a historia es "Lucas Martín", cercana a la ciudad de Jalapa, en el estado de Veracruz.

Es un tanto incierto el origen de su nombre, pero cabe suponer que así se llamó su primer propietario y fundador. Se trata de una hermosa construcción que en su estilo acusa provenir de principios del siglo XVIII; sus arcos de medio punto y la forma de sus aleros así lo revelan.

Quienes fueron, a través de los años, propietarios de esta hacienda se esforzaron por mantenerla en buenas condiciones y así se conserva todavía. Pero digamos algo de la historia de las vetustas piedras que se arremolinan en un paraje contigüo al municipio de Banderilla, desde donde se asoma la cresta del Citlaltepetl y la cuadrada barriga del Cofre de Perote. En 1807 estuvo visitándola el virrey don José de Iturrigaray, quien fue atendido por su propietario don Diego Leño.

Por Lucas Martín pasó rumbo al destierro el destronado emperador Agustín de Iturbide. Por disposiciones del gobierno de la república, don Agustín permaneció algunos días, acompañado de su familia, en la hacienda. Una cárcel al aire libre donde el ex emperador salía por las mañanas para hacer caminatas y tomar el sol, bajo la discreta vigilancia de sus custodios que, en número de doscientos, bien armados y montados, acompañarían a su alteza hasta el embarcadero de la Antigua, para abordar el buque del destierro.

La escolta o, mejor dicho, los custodios del derrocado, iban al mando del coronel Vicente Villada. Estando en ese sitio, en tránsito, don Agustín recibió el obsequio de un telescopio que tiempo atrás le había prometido su ahora adversario, el general Nicolás Bravo, quien así cumplía su palabra. De mala gana vio el regalo, pero lo aceptó.

Un par de días más tarde, el mismo don Nicolás Bravo ordenó al jefe de sus custodios que se incomunicara a Iturbide y a su familia, hasta que llegara a la Antigua, donde lo meterían al barco.

La historia de este episodio fue escrita por José Ramón Malo (1799-1879), sobrino de don Agustín, quien fue su secretario y en 1823 le acompañó al destierro y regresó con él a México. Posteriormente, José Ramón Malo ocupó puestos de importancia en el gobierno del general, Anastasio Bustamante.

Más tarde escribió: **Apuntes históricos sobre el destierro, vuelta al territorio mexicano y muerte del libertador don Agustín de Iturbide** (1869).

Se sabe también que, años después, cuando pasaba por ese rumbo su "Alteza Serenísima", don Antonio López de Santa Anna, figura saliente en la derrota de don Agustín, solía detenerse en "Lucas Martín" para respirar aire puro, fumarse un tabaco u organizar furtiva pelea de gallos.

Tiempo después estuvo por allí la segunda versión de don Agustín y del imperio mexicano, Maximiliano de Habsburgo, quien se mostró encantado con la hacienda y con las atenciones que recibiera de sus propietarios.

Los caballos de la revolución también trotaron por los sementeros de ''Lucas Martín'' durante el movimiento armado, iniciado en 1910; las tropas y sus generales como Cándido Aguilar, Heriberto Jara y otros más, acamparon bajo su sombra, y cabe decir que no causaron daños a la construcción, como ocurrió en Morelos y otros estados.

Andando el tiempo, cuando ya la Revolución era gobierno, fueron varios los políticos veracruzanos, como Adalberto Tejeda, Jorge Cerdán, Adolfo Ruiz Cortínes, Miguel Alemán y muchos más, que encontraron propicio el sitio para días de campo y banquetes que deberían efectuarse lejos de curiosas miradas y molestas intromisiones. Así, saltando bajo los baches del tiempo, ha podido sobrevivir ''Lucas Martín que, por su ubicación, clima y belleza, se metió en la historia, hace más de siglo y medio.

HACIENDA EL MIRADOR

El príncipe Maximiliano se detuvo igualmente en otra bella hacienda de la comarca que lleva por nombre: ''El Mirador.

Esta finca se conserva como si estuviera recién construida, gracias a los cuidados de sus actuales propietarios que es la familia Sartorius. Bajo sus muros se cuelga un retrato del Archiduque, autografiado por él, cuando aún no sabía de la existencia del Cerro de las Campanas y sus doradas barbas resplandecían al encuentro del sol veracruzano. Visitamos esta hacienda en fecha reciente; el señor Sartorius, de ascendencia austríaca, está casado con mexicana, tiene hijos y viven felices. Gentil anfitriona, doña Gloria ayuda a su esposo para atender a su invitados. La hospitalidad, abierta como abanico en la espesa vegetación de la comarca huatusqueña. Huelga decir que el iluso príncipe austríaco fue engañado cuando se le dijo que los mexicanos deseaban ceñirle la corona de emperador. El engaño no partió de Napoleón III, ni de los cortesanos de Viena que deseaban alejarlo de la sucesión austríaca, sino en forma directa y fundamental de dos mexicanos que hacía unos veinte años andaban por Europa y se empeñaban en traer un príncipe extranjero para gobernar y que, según ellos, sería el único remedio para nuestros males políticos y económicos. Se trata de Manuel Hidalgo y de Manuel Gutiérrez Estrada, cuya idea fue publicada en un folleto, por vez primera en 1841. Años después fueron hasta Miramar, donde Maximiliano mordió el anzuelo.

Por sencillas razones, en México no existe ningún monumento, que recuerde al iluso príncipe austríaco. Pero lo iba a haber. Los imperialistas, en sus ansias de alabo al emperador, mandaron fabricar en Portugal una estatua ecuestre de Maximiliano. Pensaban colocarla en sitio prominente de la capital mexicana. Pero, ya concluida la obra, se les atravesó el Cerro de las Campanas. Cayó el imperio de Maximiliano, fue fusilado y la estatua, pagada, quedó abandonada en Lisboa.

Andando el tiempo, un alcalde de la capital portuguesa, quiso quedar bien con el rey Pedro I (1798-1834), emperador de Brazil y rey de Portugal. Recordó que en una vieja bodega estaba abandonada la estatua que los mexicanos trataron de levantarle al archiduque. No lo pensó mucho. Le quitaron el polvo, la pulieron y se anunció que era la de don Pedro I. Nadie reparó en el engañó, y caballo y jinete fueron a cabalgar en una plaza de la ciudad lucitana donde aún puede verse.

Ya hemos visto que lo que queda del hermoso, aunque pequeño y bien conservado casco del Mirador y unas cuantas hectáreas, son propiedad de la familia Sartorius. Leamos ahora algo sorpresivamente interesante que está publicado en el libro **Imágen de México,** magnífica obra de consulta de Electra L. Monprade, y bajo el patrocinio y presentación del ex presidente Luis Echeverría: "Entre los componentes de un grupo de emigrantes alemanes de acuerdo con sus utópicos ideales pretendían fundar en México una "pequeña Alemania", en la que se practicaría la libertad individual en forma ejemplar para la misma Alemania europea. Llegó a México Carl Christian Sartorius, el único de sus compañeros que logró establecer con éxito una empresa agrícola en su hacienda "El Mirador", en Huatusco, Veracruz".

Por el año de 1827, llegó a México un pequeño grupo de alemanes jóvenes e inquietos en ideas sociales y políticas, situación que motivó huyeran de Alemania. Pensaban los recién llegados establecer en México una colonia teutónica que fuera modelo en el orden social para la propia Alemania de la que habían tenido que alejarse. Carl Christian Sartorius encabezaba el grupo de estos soñadores aventureros de mucha imaginación, que seguramente pensaron que México era tierra propicia para experimento de este tipo. No lo lograron del todo, pero tampoco podría afirmarse que fracasaron.

Sartorius, quien fue el fundador de la Hacienda de "El Mirador", se dedicó a investigar, observar y escribir. Sus estudios abarcan todos los aspectos sociopolíticos del México de la época. Fue un gran promotor e hizo venir al país connotados pintores y hombres de letras, como fueron el belga Carl Nebel, el alemán Juan Moritz Rugendas.

Con el valioso material que logró reunir, escribió un libro que tituló **Mexico and the Mexicans.** Esta obra se publicó en Londres en el año de 1859, y ha sido considerada, por su contenido y labor investigadora, tan valiosa como lo escrito por Humboldt.

De esta escuela fue discípulo el litógrafo mexicano Casimiro Castro, cuya obra **México y sus alrededores** (1856-1857) es una de las más importantes en su género.

HACIENDA DE LA CONDESA

El natural crecimiento de la Ciudad de México desapareció las viejas haciendas que existían dentro de su área. Una de ellas, la de "La Condesa", se extendía por lo que es hoy la colonia del mismo nombre y parte de la Roma. Fue propiedad de la tercera Condesa de Miravalle, doña María Magdalena D. Bracamontes. Una plaza por esos rumbos, la de "Miravalle", recuerda a la señora cuya hacienda gozó de fama y prestigio en el siglo XVIII.

Recientemente (1981), se plantó en ese sitio hermosa fuente que es réplica de la que existe en Madrid, orgullo de la capital española: "La Cibeles".

El casco de "La Condesa" se localizaba en terrenos donde se ubica actualmente la embajada rusa (Avenida Revolución). Sobre este terreno existía la construcción que fue demolida para levantarse el edificio que fue de propiedad particular en tiempos del porfiriato.

Por esos rumbos existió también el famoso Hipódromo de la Condesa, sitio de reunión de las altas clases sociales de la época de la dictadura. "El edificio de la habitación de la hacienda de La Condesa, (escribió don Manuel Paynó (1810-1894), en la apariencia nada tiene de notable; pero en el interior es bastante cómoda y tiene un jardín lleno de exquisitas dahalias". Existe una litografía en el libro **México y sus alrededores,** del casco de la hacienda "La Condesa" y otra litografía en el Museo de la Ciudad de México.

Más al sur, y muchos años después, se construyó el estadio hoy desaparecido, para construir una unidad habitacional contigua al actual "Cine Estadio". Como dato curioso cabe apuntar que en parte de esos terrenos, donde está hoy el edificio del "Seguro Social", sobre el Paseo de la Reforma, existió un lienzo charro, cuyos trazos se conservaron hasta que fue edificado el "Instituto Mexicano del Seguro Social", en época relativamente cercana (del Presidente Miguel Alemán). De ese lugar salían los jinetes cabalgando hacía Chapultepec.

Sobre los mismos terrenos de la que fuera hacienda de "La Condesa", se construyó el famoso "Toreo" de la Ciudad de México, sobre una manzana que forman las calles de Durango, Valladolid, Salamanca y Colima. Demolido el coso taurino, sobre el terreno se construyeron los actuales almacenes del "El Palacio de Hierro". Como dato complementario cabe decir que frente al toreo existió, durante muchos años, una casa "non santa", que regenteó una mujer que con el paso de los años se convirtió en leyenda, Graciela Olmos, "La Bandida".

Sobre la misma área de la hacienda se construyó una suntuosa mansión que habitaba una hija del Presidente Plutarco Elías Calles, en las actuales calles de Guadalajara y frente a la casa, un hermoso jardín: el "Parque España".

HACIENDA DE LA TEJA

La que se llamó Hacienda de "La Teja", se extendía por lo que hoy son las colonias Cuauhtémoc, Juárez y gran parte del Paseo de la Reforma. El casco desaparició por completo poco después de la mitad del siglo pasado. El pintor, Luis Coto, logró un estudendo cuadro que revela lo que fue esa hacienda (se encuentra en el Museo de la Ciudad de México) en esa época. El señorial y tranquilo espacio de aquellos días da actualmente cabida a la comentada "Zona Rosa" de la Ciudad de México, en la segunda década del presente siglo, cuando surgió la colonia Cuauhtémoc y Juárez; se levantaron lujosas residencias para aquella época, que habitaron familias de buenos recursos económicos y gente del mundo oficial. Por allí existe aún, en las calles de Lerma, la que fue residencia del presidente Carranza, convertida hoy en museo del mismo nombre. Todas sus calles llevan nombres de ríos nacionales y extranjeros, que acabaron ahogando la colonia para convertirla casi por completo en zona comercial.

HACIENDA CLAVERIA

La Hacienda de San Antonio Clavería data de finales del siglo XVIII (1783). Fue su primer propietario don Juan Domingo de Bustamante, español originario de San Lucar Barrameda. Su casco se ha logrado conservar hasta la fecha en buen estado (Calzada de Tacuba) y revela lo hermoso y confortable que fue esta propiedad. Los terrenos de Clavería hoy forman parte de las colonias de este nombre, que se localiza por el rumbo norte de la Ciudad de México; entre sus propietarios están los Marqueses de Selva Nevada, don Manuel Rodríguez de Pinillos y López Montero. El marquesado fue concedido por Carlos III el 17 de Noviembre de 1797. Desde 1950 es su propietario, del ex-casco, el octavo marqués don Francisco Javier Alcalde y Osuna Pérez de Vargas y Cortés.

Sus terrenos eran vastos y comprendían parte de lo que hoy es la Delegación Atzcapotzalco, incluyendo la refinería, construida en ese lugar, por la empresa petrolera de México: Pemex.

HACIENDA DE COAPA

Otra hacienda famosa por aquellos días fue la de San Antonio Coapa, al sur de la ciudad y a la que ya nos hemos referido en parte. Se encontraba a principios de siglo a cuatro leguas; el casco se demolió para darle espacio a la actual calzada de Tlalpan.

En 1834, Charles J. Latrove, viajero inglés que recorrió gran parte de México y que se hizo famoso como alpinista, viajero y gobernador del distrito de Port Philip, Nueva Gales del Sur, escritor de **The Rambler in North America; The**

Rembler en México. Y dice: "Mirad sus obras: construcciones monumentales, acueducto, iglesias, caminos y la exhuberante ciudad de los palacios que surgió de las ruinas de barro de Tenochtitlán". Latrove, como se ve, llamó también a México, "Ciudad de los Palacios", como lo hizo el Barón Von Humboldt.

Latrove nos dice sobre la Hacienda de Coapa: "La Hacienda de San Antonio está situada a ocho millas de distancia de la ciudad, en medio de una comarca muy fértil que se extiende en ancho trecho... una pequeña y pintoresca iglesia, rodeada de árboles, señala el límite de un vasto páramo de lava negra que asuela los aledaños de San Agustín y la falda de la montaña del Ajusco. A toda la zona se le da el nombre de El Pedregal".

Por su parte, el Conde Bretuil, que fue secretario de la legión Francesa en 1841 informa:

"La hacienda de San Antonio Coapa se encuentra a ocho millas de la Ciudad de México... el camino y el arroyo que corren frente a la hacienda están sombreados por hermosos álamos blancos, pirules; la gran calzada que llega hasta la casa de la hacienda y que comunica con los pueblos de Coyoacán y San Angel; está sembrada de hermosos árboles que con sus hojas de un verde vivo y sus racimos de bayas rojas, constituyen uno de los atractivos adornos de la altiplanicie del país".

Los esquilmos principales de la hacienda son el maíz y el pulque; la propiedad es muy rica y tiene un magnífico sistema de riego. Probablemente la calzada de árboles a que se refiere el Conde Bretuil, sea la actual avenida llamada Miguel Angel de Quevedo o Taxqueña.

La Marquesa Calderón de la Barca, por su parte, relata lo siguiente: "Salimos de México por la mañana temprano y nos detuvimos en San Antonio, una noble hacienda situada a unas cuatro leguas de México y perteneciente a la Marquesa viuda de Vivanco; allí desayunamos en compañía de otros invitados. La hacienda es una espléndida y sólida masa de edificios, y cuando se entra al patio por un abovedado portalón, se contemplan las enormes dependencias, las caballerizas y particularmente las trojes, cuyas grandiosas y magníficas proporciones se ven como los restos de un pasado feudal. Es una propiedad inmensa y valiosa que produce tanto maíz como maguey. La hospitalidad de la familia, cuya amistad fue de las primeras que hicimos aquí, se manifiesta por una grandeza en proporción a todo cuanto le pertenece. Desayunamos opíparamente en una hermosa sala y sólo tuvimos tiempo de visitar los jardínes y la capilla, ya que estábamos impacientes por llegar a San Agustín a tiempo de ver las peleas de gallos''.

Como hemos escrito anteriormente, en los aciagos días, de la invasión norteamericana, la Hacienda de San Antonio Coapa desempeñó un importante papel en la defensa de México contra el enemigo, al igual que la cercana Hacienda de ''El Altillo'', que después fue ocupada por el enemigo.

La Hacienda de Coapa, a pesar de encontrarse a unas cuantas leguas distante del centro de la ciudad (más de veinte kilómetros) fue sitio de reunión preferido por la ''elite'' social de aquellos días. Sus propietarios, la Marquesa de Vivanco y su esposo, el general José Morán... familia generosa y excelente anfitriona, que solía tener en cada ocasión hasta ciento cincuenta huéspedes, y a la hora de la cena o comida, todos eran servidos en vajilla y cubiertos de plata.

Cerca de la hacienda estaba, y aún está, el pueblo de San Agustín de las Cuevas, ahora Tlalpan, por haber vuelto a adquirir por disposición del Preidente, Plutarco Elías Calles, su primitivo nombre. Recordemos que durante el mandato de don Plutarco, numerosos sitios, incluyendo pueblos y haciendas, fueron rebautizados, quitándoles nombres, en su mayoría de santos, para asignarles el que tuvieron originalmente.

En el pueblo de San Agustín se efectuaban alegres ferias

durante el mes de agosto, fecha conmemorativa de su santo patrón. La parte central de la fiesta eran las peleas de gallos, donde se cruzaban grandes apuestas y solían asistir, desde el Presidente de la República, sus ministros y el cuerpo diplomático, hasta el desarrapado del pueblo, todos esperando el triunfo de sus gallos.

Valle fértil, arrimado a las faldas del Ajusco, donde la tierra producía con abundancia, maíz, magueyes pulqueros y una gran variedad de flores. Pero cerca de allí, un inmenso paraje de rocas peladas donde no crecía ni la hierba, mostraba dientes grises. La llamaban y se llama "El Pedregal". Pero con el tiempo, la inventiva humana transformó el lugar en la elegante zona residencial que conserva ese nombre y se cotiza en cifras muy hinchadas el metro cuadrado de las volcánicas rocas.

Los arqueólogos han comprobado, que por allí llegó a levantarse una importante ciudad (Tlatilco), mucho antes de que fuera fundada la Gran Tenochtitlan, tomando como punto de partida el pequeño islote del Lago de Texcoco, donde los aztecas encontraron la señal prometida: El águila engulléndose a la serpiente. Las ruinas de esa ciudad todavía están visibles, muy cerca de la de la Ciudad Universitaria.

HACIENDA LA LABOR Y LIRA

En el centro del país, dentro de los territorios de Querétaro y Guanajuato, destacaron dos haciendas de orgullosa arquitectura: "La Labor" y "Lira". Los cascos de ambas existen en buen estado de conservación.

La primera se ubica en San Juan Bautista de Apasco, lugar cercano a Celaya, en el estado de Guanajuato. Entre sus primeros propietarios estuvo Juan Villaseñor y Orozco, conquistador de la Mixteca, fundador de Valladolid (actualmente ciudad de Morelia), encomendero de Guango; Fray Matías de Escobar lo llamaba: "El Abraham de este nuevo mundo".

Se sabe que la construcción principal fue obra del famoso escultor mexicano, Francisco Eduardo Tres Guerras, cuya obra resulta imperecedera en la arquitectura de México; por ese motivo la construcción es de primera importancia. A no mucha distancia de "La Labor", pero ya sobre tierras de Querétaro, en San Juan del Río, existe la hacienda de "Lira", cuyo hermoso casco neoclásico puede admirarse y es también obra del arquitecto Tres Guerras.

El Padre Agustín de Morfi (1720-1783), quien la visitó en 1777, hace breve historia de ella en su diario y expresa su admiración por el casco, que seguramente en su construcción original no fué obra del famoso arquitecto celayense, porque se deduce que éste modificó el original o hizo demolerlo para construir uno nuevo que aún está a la vista.

Los más recientes propietarios de "Lira", han sido: Pedro Rincón Gallardo, Hugo Gunnar Beckman (1904-1967) y Carlos Novoa.

El ingeniero Beckman, muy conocido en México por haber sido director de la compañía telefónica Ericsson, después Teléfonos de México, S.A.; tenía gran afición por las viejas haciendas mexicanas y adquirió por sí mismo, o en sociedad, algunas de ellas como la de "Rancho Alegre" y la de "San Gaspar", en el estado de Morelos, de la que son actualmente propietarios, en sociedad, Mauricio Urdaneta y Guillermo Rosell Abitia.

Al señor Carlos Novoa se le identifica por haber sido, durante el régimen alemanista, director del Banco de México y presidente del comité constructor de la "Ciudad Universitaria". La hacienda de "Lira" es ahora propiedad de su hijo, Eduardo Novoa.

La familia Rincón Gallardo figura también entre los propietarios de "Lira". De abolengo en la charrería, don Pedro Rincón Gallardo (1836-1909), nació en la hacienda de "Ciénega de la Mata", en Jalisco. Don Pedro fué gobernador de la Ciudad de México. Asimismo, figuran entre sus ancestros, don

Carlos Rincón Gallardo y Romero de Terreros (1874-1950), Duque de Regla y Marqués de Guadalupe y de Villahermosa de Alfaro, gran maestro de la charrería, autor del libro del charro mexicano. Actualmente sigue siendo la familia propietaria de "Ciénega".

Ciénega de Mata, fué base de uno de los más grandes mayorazgos de la Nueva España, encabezaba un grupo de 99 haciendas que era lo máximo permitido por la ley colonial para integrar un mayorazgo. La Hacienda tiene su historia en el año de 1656, don Pedro Rincón Ortega, fundó el mayorazgo con la hacienda "De La Limpia Concepción" de Ciénega de Rincón de Mata, y sus tierras anexas se inflaron hasta alcanzar, doscientos sitios de ganado mayor, o sea, lo mismo que trescientas mil hectáreas, casi todas en lo que hoy es el estado de Jalisco; pero también partes correspondientes de Aguascalientes, Zacatecas y San Luis Potosí. El origen del apellido compuesto Rincón-Gallardo, se remonta al año de 1678, cuando para poder heredar José Gallardo y Rincón de Vivar, hubo de anteponer su apellido materno, como era de uso en los mayorazgos.

Actualmente el casco se encuentra con mucha de su original belleza.

Limpio y bien cuidado, dá la idea de que los siglos se apostaron sin hacerle daño. Cecilia Rincón Gallardo, de quien no es necesario decir, pertenece a la familia, nos informó algunas cosas de las aquí inscritas. Cordial y querida amiga tiene frescos los recuerdos de herencia familiar

Sin salirnos de Jalisco, digamos un relato con mucho de historia y algo de novela. No lejos de la Capital Tapatía, en un lugar llamado Copalita, existió una hacienda de muy buena catadura a mediados del siglo pasado. Su nombre lo tomó del lugar, pero además de Copalita, era conocida bajo el sugestivo nombre de "La Escoba".

La finca era como todas las de primera clase: confortable casa, hermosa caballería, amplias caballerizas, bodegas y todos los condimentos apetecibles para la buena vida de sus moradores.

Por aquel tiempo sus propietarios, eran franceses o de inmediata ascendencia gala y como gente industriosa y de trabajo establecieron una fábrica de hilados que indudablemente fué de las primeras que se montaron en el país.

Las olas del tiempo dispersaron en la seca playa de los recuerdos, el nombre y apellido, de sus propietarios, pero algunos datos recogidos entre viejos vecinos acusan que el apellido pudo haber sido Clouthier, o algo muy parecido.

Sucedió algo que tiene fuerte olor a película de suspenso, a novela de misterio:

Los prósperos dueños de "La Escoba", eran, por sencillas razones partidarios del segundo imperio de las barbas doradas de Maximiliano, y alguna ayuda estaban proporcionándole al llamado Emperador y sus huestes francesas.

Derrotado el imperio de las fuerzas juaristas en Querétaro (1867) los señores de "La Escoba", pensaron, tal vez, que al llegar los triunfadores por su rumbo iban a barrer con ellos, validos de su propia escoba y aterrados, una oscura noche de copilla, decidieron huir para salvarse. No se llevaron más que lo que traían puesto y por si hubiera alguna duda de su miedo, ni siquiera tuvieron la precaución de cerrar las puertas o llevarse algo de lo que de mucho valor allí existía. Desaparecieron para siempre y la hacienda con las huescas y telares de la fábrica, quedó como generoso botín, para cualquiera que se tomara la molestia de penetrar en ella. Nadie con derechos legales pudo reclamar la propiedad y la acción del tiempo la fué exterminando.

HACIENDA LA GAVIA

Entre las viejas haciendas mexicanas ha sobresalido de manera especial "La Gavia", que se levanta y aún conserva su casco en buen estado, dentro del estado de México, en las proximidades de Toluca.

Esta hacienda, una de las más antiguas, data de 1537, cuando el primer virrey, don Antonio de Mendoza, hizo cesión de tierras en favor de Juan Zámano, quien llegó al país con el adelantado de Garay, y era gobernador de la isla de Jamaica, tocándole acompañar a Hernán Cortés en su expedición a Las Hibueras, de triste memoria, durante la cual ahorcó a Cuauhtémoc.

La hacienda originalmente se llamó "La Candelaria", hasta que un día llegó por ahí un distinguido visitante que debió haber sido marinero, y creyó ver en la forma geográfica del que fuera enorme latifundio, la silueta de una gran gavia, esto es la vela mayor de los buques españoles de aquel tiempo. Gustó la observación del visitante quien así triunfó sobre nuestra señora "de la Candelaria" y a partir de entonces cambió su nombre. El señor Zámano y sus descendientes tuvieron "La Gavia" durante dos siglos.

Hacia 1715, su entonces propietario, Jiménez de los Cobos, la vendió a los Jesuitas, quienes la usufructuaron hasta que el real decreto de Carlos III hizo que fueran expulsados del país, e intervenidas sus propiedades por una junta llamada de "Temporalidades".

Don Pedro Romero de Terreros, primer Conde de Regla, compró a la junta, en 1777, ésta y otras haciendas que habían sido de los jesuitas, y la incorporó al mayorazgo de San Cristóbal.

Con esta hacienda aumentaría su ya considerable patrimonio de tierras. Estuvo en poder suyo y de sus descendientes hasta el año de 1840, en que fue adquirida por doña Francesca Migoni de Echeverría, de origen italiano, cuya familia y descendencia la tuvieron en su poder durante más de un siglo, (hasta el año de 1950) cuando fue adquirida por José Ramón Albarrán.

Siendo propietaria la señora Mogoni Echeverría, allá por 1840, recibió, como era de rigor, la visita de la Marquesa

Calderón de la Barca (quien por cierto en esa época no tenía ese título), quedando ésta encantada con la hacienda y sus alrededores. Pero dejemos que sea la señora marquesa quien nos hable:

"Se ha decidido que en la primera noche de nuestra peregrinación pidamos posada en la Hacienda de "La Gavia", del ex-ministro Echeverría (lo fue con Bustamante), que se encuentra a diez leguas de la muy mala carretera de Toluca... "La Gavia", 19 de Noviembre de 1841.

"El levar anclas en las primeras horas de la mañana, no estuvo excento de dificultades... cada indio que encontrábamos, nos aseguraba que "La Gavia", estaba "cerquita, trás lomita"; y cada lomita que traspasábamos nos presentaba a la vista otra lomita. Por fin, "La Gavia" estaba a la vista; un edificio extenso y de poca altura, cuya entrada nos pareció la misma puerta del Edén... El señor Echeverría y sus cuñados nos dispensaron la más cordial bienvenida, y un excelente almuerzo nos repuso rápidamente de nuestra fatiga... Esta hermosa hacienda, que en un tiempo perteneció al Conde Regla, cuyas posesiones deben haber sido regias, tiene treinta leguas de largo y diecisiete de ancho (una legua equivale a 5,572 mts.) y dentro de sus vastos límites se dan productos de todos los climas, desde los montes poblados de pino al mismo nivel del Volcán de Toluca, (Nevado de Toluca) hasta las fértiles llanuras que proveen de cereales y maíz; y en las tierras bajas, los campos de caña de azúcar y otros frutos de los trópicos".

El que esto escribe, tuvo oportunidad de conocer "La Gavia" en los años sesentas, con motivo de la fiesta de una boda, que enmarcada en viejos moldes, allí se efectuó. Lucía la vieja casona como en sus mejores tiempos. Bien conservado el casco, relucientes los techos, las paredes recién pintadas, los pinos bien nivelados, árboles viejos y nuevos, como guardias verdes, en torno a la residencia. Se percibe el olor a los siglos. El patio está empedrado en forma de gran estrella.

La novia llegó en carruaje del siglo pasado, vestida a la mexicana. El novio, de charro. La fiesta duró el día y sus horas. Los músicos no descansaban y todo hacía recordar las fiestas que allí se dieron durante tres centurias. Resulta inolvidable aquel convivio, donde la juventud actual, tuvo que rozarse con la tradición y el ido señorío. Seguimos agradeciéndole al "Chope" Albarrán, amigo muy querido, la invitación que nos hizo, que nos dió oportunidad para saborear en el presente, un poco del pasado.

HACIENDAS DE JURICA Y LAS ANIMAS

Muchas fueron, como hemos visto, las haciendas que se construyeron en México a raíz de la llegada de los españoles. Las manos del tiempo destruyeron la mayor parte de ellas, pero otras, reconstruidas, lograron vivir hasta nuestros días.

La mayoría de ellas, residencias de los dueños primitivos, desaparecieron. De algunas quedan vestigios que acusan lo que fueron y la majestuosidad de su estructura.

De la vieja hacienda de Jurica, en Querétaro, existe parte del casco original, la capilla y algunos viejos trozos. Se ha construido un hotel y un fraccionamiento, para que el turismo mantenga viva la llama del recuerdo.

En Fortín de las Flores, Veracruz, como caso sorprendente, aún existe, intacta, la vieja hacienda de "Las Animas", que seguramente deriva su nombre de una conseja popular, relacionada con las ánimas del purgatorio; el poblado floreció como centro turístico, gracias al interés que animó en la década de los cuarentas, a don Antonio Ruíz Galindo, que construyó un hotel muy cerca de donde está la hacienda que también es de su propiedad.

El viejo inmueble permanece intacto, flamante y bien conservado; la capilla, limpia como tazona recién pulida, los pisos brillantes, las paredes repintadas; todo ofrece el aspecto de lo bien cuidado. Muerto don Antonio, es de esperarse que sus herederos hagan lo mismo.

HACIENDA LA MAGDALENA Y BAÑOS

Cerca de Tacámbaro, Michoacán, existe todavía la capilla de la vieja hacienda de "La Magdalena", también con historia, porque la edificó Cristóbal de Oñate, (1504-1567) uno de los capitales de Cortés y hombre clave en la conquista de México. Conquistador de la Nueva Galicia, (estados de Jalisco, Zacatecas, Aguascalientes, Coahuila, Durango, San Luis Potosí y Nayarit), bajo las órdenes de Nuño de Guzmán.

En Tula, Hidalgo, se levanta el llamado "Mirador" de la hacienda de "Baños", así llamada por las aguas termales que por allí existían y eran un imán por sus propiedades curativas. Esta hacienda fue propiedad de los frailes agustinianos.

HACIENDAS DE SANTA MARIA Y BUENAVISTA

El palacio que ocupa actualmente el Museo de San Carlos, en las calles de Puente de Alvarado, tiene igualmente su historia:

A fines del siglo XVIII, la vieja hacienda de "Santa María", que abarcaba terrenos de la de San Francisco de Borja, donde se localiza en la actualidad la colonia Santa María de La Rivera y la Nueva Santa María, fue fraccionada hacia el noroeste y esos terrenos fueron adquiridos por don Manuel Rodríguez de Pedroso y Soria. Heredera de la hacienda fue después su hija María Josefa Rodríguez de Pinillos, quien casó con don José Gutiérrez de Riveros. La propiedad pasó al hijo de este último matrimonio, que no era el primogénito, y como el título de Selva Nevada pasaba a la hija mayor, la madre compró para el hijo un condado con el título de Buenavista.

Volvamos al palacio: La construcción de esta suntuosa mansión, o al menos sus inicios, se atribuyeron al escultor Manuel Tolsá, quien iniciara la obra por el año de 1795. No está muy comprobado que haya sido el escultor valenciano su constructor, pero todo hace pensar que sí fue. Tolsá era por esos días el embajador de la arquitectura neoclásica; su genio creador lo avalaba; entre otras obras: El Palacio de Minería, el Palacio del Marqués del Apartado, las portadas de la Iglesia de Jesús María, la conclusión de algunas obras de la Catedral de México y muchas más. Tolsá estaba de moda, y en natural que se solicitaran sus servicios.

El hermoso palacio comenzó a levantarse bajo la atenta mirada de la marquesa, que por aquellos días recibió un doloros impacto sentimental: La muerte de su hijo, el Conde de Buenavista. Ya no quiso saber nada de la vida mundana y vistió los hábitos religiosos, internándose en un convento. Resultó heredera de la inconclusa mansión su hija quien, junto con su marido llevó la obra hasta el final. El Palacio de Buenavista estuvo arrendado al Conde de Regla, que lo hizo museo de objetos raros.

Más tarde, la propiedad pasó a manos de los condes de Pérez Gálvez y después, durante la regencia de Maximiliano, adquirida por su régimen, la obsequió como regalo de bodas al Mariscal Achille Bazaine (1811-1888), viejo militar francés que intervino en las guerras de Argelia, Crimea, México y Franco Prusiana, que casó con doña Josefa Peña de Azcárate, joven mexicana. Fue su trofeo de guerra.

Al triunfo de la República, con Juárez al gobierno, se concedió el inmueble al general José Rincón Gallardo, en pago de deudas contraídas con él. Posteriormente, en 1871, compró la propiedad Francisco Iturbide y Villar.

La mansión, como pelota, rebota en muchas manos; se ha dicho que don Antonio López de Santa Anna fue también uno de sus residentes, aunque esto no pueda probarse. Y así pasa sus días el inmueble hasta que en el presente siglo tiene como propietario a un caballero de nombre teutón, Agustín Shultzemberg. Este señor lo alquiló a la Lotería Nacional, cuyas oficinas se instalan ahí hasta 1946, año en que su dueño fallece sin haber tenido herederos. Entonces el gobierno, siempre pendiente de oportunidades, lo adjudica a la Beneficiencia Pública.

Tras algunos años de cruel abandono se le remoza hasta dejarlo flamante. Es el Presidente de la República, Adolfo López Mateos, quien corre a reinaugurarlo durante una ceremonia que resultó pomposa. Se instala allí el famoso Museo de San Carlos, herencia de la colonia, institución de gran jerarquía cultural.

Cabe decir que a poca distancia del Palacio de Buenavista, se inauguró en el año de 1857, por el entonces presidente, Ignacio Comonfort, una pequeña estación ferroviaria, cuya vía iba de la Ciudad de México a la Villa de Guadalupe. Fue creciendo con el tiempo hasta convertirse en la legendaria estación de Buenavista, terminal del Ferrocarril Mexicano, que comunicaba a la capital de la república con el puerto de Veracruz; esta vía férrea fue inaugurada en su primera parte, esto es, México-Puebla, por el presidente Juárez, en 1869. La primera concesión fue dada bajo la presidencia del general Anastasio Bustamante, en 1837, y años después, durante la época de Santa Anna, se iniciaron los trabajos de la vía México-Veracruz, cuya concesión le fue dada a una compañía inglesa. Le correspondió el honor de inaugurarla en el tramo final, en Veracruz, al presidente Sebastián Lerdo de Tejada, el 1o. de Enero de 1873.

La fiesta hizo historia; don Sebastián, veracruzano al fin, tomó la cosa como propia y al mando de dos convoyes inició el recorrido hasta el puerto jarocho. En cada estación en que se detenían los vagones que abrían la ruta, había fiesta, vivas y ovaciones que se mezclaban con el alboroto. La gente lanzaba gritos de entusiasmo, los curas bendecían rieles y vagones, mientras don Sebastián, pasándose la mano por su amplia frente, saboreaba el éxito del primer ferrocarril que, agujereando cerros, apartando bosques y superando pantanos, lograba unir a la capital de la República con el primer puerto de la Nación.

Como dato curioso puede decirse que ese mismo año, 1873, cuando el general, don Antonio López de Santa Anna, viejo y achacoso, obtuvo el permiso del propio presidente Lerdo para regresar a su país, abordó en el Puerto de Veracruz, como cualquier pasajero, el Ferrocarril Mexicano.

Cuando Maximiliano y Carlota iniciaron desde el Puerto de Veracruz su viaje hacia la capital de México, lo hicieron por ferrocarril, desde allí hasta "La Tejería", utilizando el tramo de reciente construcción que se prolongó durante su efímero imperio algunos kilómetros más, hasta el lugar que todavía se conoce como "Paso del Macho".

La estación de Buenavista estuvo allí hasta hace unas tres décadas, y fue demolida más tarde para ampliar calles.

A unas cuadras, hacia el norte, fue construida la actual estación de los Ferrocarriles Nacionales, cuyos terrenos debieron formar parte, hasta el siglo pasado, de la Hacienda de Buenavista.

La marquesa Calderón de la Barca en sus extraordinarias cartas que posteriomente dieron forma a su libro **La Vida en México**, nos dice que a su llegada a la capital ocupó una casa vecina al Palacio de Buenavista. Relata la impetuosa viajera que desde su patio tenía una estupenda vista entretejida de árboles desde donde podía captarse el viejo acueducto que surtía agua a buena parte de la población. Y afirma rotundamente que en el hermoso palacio de que hemos venido hablando, vivió entre otros personajes de la época, don Antonio López de Santa Anna, el controvertido Presidente de la República a quien la marquesa conoció personalmente al visitarlo en su hacienda de "Manga de Clavo", cuando venía de Veracruz hacia la capital del país.

El arquitecto, Jorge Medellín coincide con la marquesa al decir que su "Altesa Serenísima" habitó Buenavista por algún tiempo, pero frente a esta afirmación se opone la de don Antonio Toussaint, quien sostiene categóricamente, sin aportar mayores pruebas, que don Antonio nunca residió en ese palacio. Por lógicas deducciones y el acierto de la marquesa, cuyos escritos son objetivos, nos inclinamos a creer que Santa Anna sí habitó el palacio, ya que es sabido que el vanidoso veracruzano amaba la buena vida, con sus lujos y sus viandas. El palacio le quedaba a la medida.

BUENAVISTA

Con el nombre de Buenavista se han conocido en México muchas propiedades. Se antoja común esta palabra que es reflejo o síntesis de una situación topográfica.

En el estado de Michoacán, en sus límites con Jalisco, existió en el siglo pasado una hacienda con este nombre, propiedad de un acaudalado terrateniente, José Francisco Velarde, a quien por sus grandes riquezas y manifiesta incultura, se le apodó el "Burro de Oro". Lo curioso de este caso es que ese señor tenía el grado de general del ejército, habiendo sido santanista en su oportunidad y más tarde, apasionado partidario del imperio que estableció Maximiliano a quien colmó de atenciones durante su visita a estas tierras, organizando grandes homenajes para recibirlo. "El Burro de Oro", a pesar de sus millones, de sus propias monedas que mandó a acuñar con sus iniciales y de los numerosos latifundios y tierras que poseía, al triunfo juarista, en 1867, fué fusilado por los republicanos.

De la vieja hacienda de Buenavista, queda algo que todavía provoca admiración y asombro en el viejo sitio, existe ahora una comunidad ejidal que se clava como bandera del reparto agrario. Hay una escuela y las oficinas del comisario ejidal y entre todo esto, destaca la vieja iglesia con su esbelta torre, que no ha sufrido con rudeza los embates del tiempo, el templo está en servicio.

HACIENDA DE SANTIAGO

El estado de San Luis Potosí fué pródigo en haciendas hasta el siglo pasado y buena parte el presente. Las construcciones databan de los primeros años de la colonia, hasta las que se fueron construyendo durante el virreinato.

Entre las viejas haciendas potosinas, deben mencionarse las siguientes:

''Santiago''.- Hacienda agrícola y ganadera; su casco data de 1864. Próximo al casco aún queda lo que fué la fábrica de vino mezcal. En la actualidad pertenece a la familia Garfias. De esa familia resulta magnífico exponente, por sus conocimientos y apego al campo, nuestro cordial y buen amigo, Pepe Garfias.

''Carranco''.- A menos de una legua de Bledos, por el camino del Valle de San Francisco, está Carranco, hacienda tan antigua como las que la rodean. Se llamó también Bledos Bajos. Tenía un molino para el beneficio de los minerales llevados de la Sierra de Pinos a principios del siglo XVIII.

LA VENTILLA

Su origen se remonta al siglo XVI, ''por mercedes otorgadas a Martín Ruíz de Zavala, para la cría de ganado mayor''. Su casco data del siglo XVIII.

SAN PEDRO GOGORREON

Otra hacienda importante en el estado actual de San Luis Potosí fue la de San Pedro Gogorreón, que cobró fama al brotar dentro de sus límites un arroyo de aguas termales cuyas propiedades curativas fueron muy ponderadas. Su primer propietario fue el español vizcaíno, Pedro Arizmendi de Gogorreón. Existe una anécdota: Un nieto de don Pedro, enfermo y maltrecho, se fué a Europa en busca de salud; le recomendaron a un famoso médico vienés, y a Viena llegó para consultarlo. Dijo el doctor: "Si usted viene de México, debe regresar allá. Para remediar sus males existe una hacienda (la de su propiedad), donde unas aguas termales logran maravillas y bañándose en ellas usted sanará". El viaje le había costado una fortuna.

HACIENDA DE BLEDOS

Famosa por su alta producción de magueyes. Buena parte de las haciendas potosinas fueron mezcaleras, sin dejar de tener otros cultivos, pastizales y ganado. Uno de los últimos virreyes de la Nueva España, el temido Félix María Calleja y del Rey, poseyó por aquellos rumbos la hacienda de Bledos, heredero de su familia política, donde vivió plácidamete, rodeado de gran boato y atenciones. Allí estaba el sanguinario general español, cuando un correo le llevó la noticia del levantamiento del cura Hidalgo en Dolores, y de allí salió galopando para ponerse al frente de sus hombres, dispuesto a batir a la insurgencia.

Terminaron así los días tranquilos de don Félix, el reposo a la sombra de los pétreos muros y los árboles; pero no le fue del todo mal; tiempo después, el Rey de España le concedió el título de Conde de Calderón, premiando así su victoria sobre los insurgentes en la batalla del "Puente de Calderón", donde Hidalgo y sus seguidores fueron derrotados.

La vida de San Luis Potosí estuvo ligada con el mezcal, nativo aguardiente que dió fama y riqueza a sus cultivadores. Además de ser una bebida de esas que raspan el "gañote", se le usaba también como curativo linimento, o friega, capaz de curar muchos males. La infusión mezcalera se aplicaba al pecho para aliviar resfriados; en brazos y extremidades inferiores para alejar los males reumáticos y en heridas leves resultaba buen cauterizante. En toda casa que se respetara había siempre a la mano una botella de infusión mezcalera para atender esos problemas.

La cosa mueve a risa cuando se cuenta que entre los viajeros que bajo candente sol o pertinaz lluvia se dirigían de un punto a otro, solían exclamar: "De aquí a la finca hay dos botellas de mezcal"... resultaba así esta bebida una referencia de tiempo y distancia, sin que dejaran de mencionarse algunos dicharachos como este tan rotundo: "Para todo mal, mezcal, para todo bien, también".

El mezcal, primo hermano del tequila, pero más humilde, tuvo principalmente su origen en San Luis Potosí, pero no olvidemos que también en Oaxaca su producción y calidad han gozado de renombre.

EL GARGALEOTE

En la época moderna, algunas haciendas potosinas resultaron famosas en primer plano. Si sus origenes no se remontan a la época colonial, sus propietarios las rodearon de publicidad. Recordemos por aquellos rumbos de la Hacienda "El Gargaleote", que fuera propiedad del inquieto político y patriarca reginal, Gonzalo N. Santos. Esta finca fue emporio de producción en sus cultivos y centro ganadero.
Don Gonzalo la cuidó y la hizo crecer con sus propias manos hasta convertirla en modelo de este tipo de propiedades. Hace algún tiempo, cuando el viejo revolucionario estaba enfermo y contados sus días, le fue expropiado "El Gargaleote, dándose los buenos cultivados terrenos a agraristas llevados de otras regiones, empezando así su decaimiento.

Desapareció el ganado, mermaron hasta el mínimo las siembras y del "Gargaleote" sólo está quedando el recuerdo de lo que fue. El reparto estuvo mal planteado. Las tierras debieron entregarse a los campesinos de allí mismo y el apoyo oficial ha sido incapaz, a pesar de las costosas inversiones que se han hecho, de mantener ese lugar a un nivel aproximado de lo que fue. La demagogia hizo su impacto de manera muy visible. Fueron puntos malos para el activo Antonio Toledo Corro, Secretario entonces de la Reforma Agraria, quien auspició y ordenó el reparto del "Gargaleote", pero por instrucciones de arriba.

SAN RICARDO

Otra propiedad de esta época a quien su dueño dio el modesto nombre de rancho, fue "San Ricardo". Se trata de la hacienda propiedad de Jorge Pasquel, que floreció en la Huasteca Potosina. Después de la trágica muerte de don Jorge, la propiedad se salvó, a medias, del reparto, al ser vendida parcialmente por sus herederos al gobierno, quien la convirtió en un centro experimental agrícola.

San Ricardo tenía magníficas instalaciones, bodegas, maquinaria agrícola y hasta una pista de aterrizaje al servicio de su dueño. Fue sitio próspero y también resulta modelo, en los tiempos actuales, en esta clase de bienes rústicos.

Jorge Pasquel fue hombre multifacético. A pesar de su origen urbano, fue gente de corrido, activo, emprendedor y deportista. Con voz de mando y mano pronta, no ausente en su persona de afectos y otras cualidades que hacen recordarle. San Ricardo fue modelo y ejemplo de lo que podría hacerse en materia ganadera. Lo logró don Jorge.

La política oficial, en los últimos regímenes, ha sido la de acabar con los latifundios que aún existían en el país, pero, como siempre ocurre, los repartos han afectado no solamente a las propiedades que realmente constituyen, por sus proporciones, auténticos latifundios, sino hasta modestos ranchos, prósperos y bien cultivados, que por ese hecho constituian la codicia de los solicitantes de tierra que exigían, valiéndose de diversos métodos incluyendo las invavasiones, les fueran entregadas para usufructuarlas y gozar de sus beneficios, hasta que por negligencia vinieron a menos, como ha ocurrido casi siempre con estas donaciones.

Abundan los ejemplos de estos casos. Allí está lo ocurrido en el Valle del Yaqui, en el Estado de Sonora, donde la furia demagógica acabó y sembró la ruina junto a la prosperidad de aquella zona. Todo lo anterior no quiere decir, en forma alguna, que nos pronunciemos contra el reparto agrario cuando éste es justo y bien planteado; cuando los campesinos despojados ancestralmente de sus tierras tienen derecho a recuperarlas, cuando los terratenientes usufructúan lo que no les pertenece, cuando vilipendan y explotan a los humildes, cuando atesoran enormes extensiones de terrenos con afanes egoístas, cuando, en una palabra, deben cumplirse los postulados que fueron bandera de la Revolución Mexicana, pero no en los casos de flagrante violación a las leyes que protegen la propiedad rural y a los agricultores, porque la verdadera y tradicional riqueza del país está en el campo.

El maratón de la demagogia se corrió en nuestro país, de 1970 a 1976. Resultó "campeón", estableciendo marcas insospechadas. Celestino Salcedo Monteón, líder nacional de la C.N.C., y otros "corredores" del mismo equipo, quienes hicieron caer al régimen en errores irreparables y llevaron a la economía del campo nacional a niveles desastrosos.

Poco a poco, porque el problema era grave, muy enredado, se ha venido corrigiendo la situación tras la cual asomaba el espectro de la hambruna al no producir el campo ni la tercera parte de lo que el país requiere; esta situación ha sido más seria de lo que prudentemente se dió a conocer en forma oficial. A partir de 1976 al 81, la Secretaría de la Reforma Agraria tuvo cuatro titulares. Javier Rojo Lugo, Antonio Toledo Corro, Javier García Paniagüa y Gustavo Carvajal, quienes encontraron una situación más revuelta que los ríos en tiempo de agua. El penúltimo de ellos, Javier García Paniagüa, con los pies bien puestos en el suelo, declaró, "que no habría invasiones patrocinadas por líderes irresponsables, que el reparto de tierras continuaría hasta donde hubiera disponibilidad de ellas y que el único camino para el cumplimiento de la Reforma Agraria era la producción''. Actualmente (1983) la C.N.C está dispuesta a lograr caminos y superaciones dentro de su función. Mario Hernández Posadas, líder veracruzano, que preside el Comité Nacional, es hombre maduro en los manejos de esa Organización y llegó al puesto ausente de compromisos políticos, que pudieran resultar nocivos para esa importante Central.

Deben afirmarse los postulados del agrarismo de acuerdo con los viejos planteamientos, adaptados a la época, que en su momento hicieron los cerebros del zapatismo, Otilio Montaño y Gildardo Magaña, al amparo de ''Tierra y Libertad'', y lo que con la voz auténtica de los campesinos dictaron en Veracruz, Ursulo Galván, Manuel Almanza, Carolino Anaya, Sóstenes Blanco, Agustín Alvarado y muchos más.

Escúchese también las voces aún vivas de Felipe Carrillo Puerto y Tomás Garrido Canabal en el Sureste y no se olvide el empeño y coraje de Lázaro Cárdenas en sus propósitos de reinvindicar en sus derechos a todos los campesinos de México, pero sobre bases tranquilas, ausentes de palabrería y demagogia.

SAN MIGUEL REGLA

Podría decirse que de las llamadas haciendas de ''beneficio'', Santa María de Regla fue la abanderada. Construida por el primer Conde de Regla, a quien mucho atraía la explotación de los metales, esta imponente construcción, hoy desaparecida, se levantó en la zona minera del actual Estado de Hidalgo.

Don Pedro Romero de Terreros, que así se llamaba el conde, era originario de Cartagena, provincia de Cádiz, España. Poseedor de gran riqueza, como para ser considerado uno de los hombres más acaudalados del mundo de su época, era, como buen monárquico español, muy persignado. Así fue que, deseando honrar a la virgen patrona de su provincia, la de Regla, de la cual derivaba su título nobiliario, trasladó su nombre y advocación a tierras del Anáhuac. Son cuatro las haciendas de beneficio que a su nombre agregaron la de Regla: Santa María, San Miguel, San Antonio y San Francisco Javier. Fue así como la virgen cubrió con su manto a varios santos del calendario gregoriano, y fue así también como don Pedro, el conde, sentía que se ablandaban sus pecados. Estas construcciones monumentales, prodigio para su tiempo, costaron una fortuna.

La Marquesa Calderón de la Barca (nuevamente la marquesa) apuntó que la de Santa María parecía haber sido construida "por manos de gigante". Así debió ser de grande y majestuosa.

Por el año de 1823, llegó al país un inglés muy importante que representaba los intereses comerciales de su majestad británica: Mr. Henry George Ward, quien agregaba a su importancia el hecho de tener una esposa guapa y además pintora. Mr. Ward tuvo muy buenas relaciones con el Presidente Guadalupe Victoria; pudo así el enviado comercial escribir un libro dotado de preciosos dibujos y litografías que fueron producto de la mano y mente creativa de su señora. Los Ward recorrieron las mejores haciendas de beneficio de los estados de Hidalgo, Guanajuato y Zacatecas. El informe que enviaron a Londres debió ser muy completo y atractivo. Dicho de paso, la pareja tuvo dos hijas en México, que por esa razón tienen que considerarse mexicanas y para confirmarlo, de la pila bautismal salió una de ellas con estos nombres: Guadalupe Felipe de Jesús, en honor del primer mártir mexicano.

Los Ward, durante su recorrido por Guanajuato, estuvieron en la Hacienda de Barrera donde, cosas del destino, más de un siglo después, fue alojada durante su visita a México la Reina Isabel de Inglaterra y el príncipe consorte, Felipe.

Esta hacienda fue adquirida por el gobierno del Estado de Guanajuato, a cargo de Luis H. Ducoing y se explota como hotel por una dependencia de la federación.

Otro tanto ocurre con la de San Miguel Regla, en Hidalgo, donde actualmente se le ha acondicionado como albergue de turistas. El hermoso casco que se enmarca en incomparable paisaje, ha sido deficientemente aprovechado, por quienes la administran y explotan la hospedería. En otras palabras, un sitio que debería ser de primera categoría, resulta de cuarta: Pobres las instalaciones, mal servicio y negativa la hospitalidad. Ojalá esta situación sea mejorada con el advenimiento al gobierno del estado, de Guillermo Rosell de la Lama, quien mucho sabe de estas cosas.

Triste fue la suerte de las otras tres haciendas de beneficio construidas por don Pedro Romero de Terreros: La de Santa María, como se ha dicho, quedó destruida en sus manos y sus tierras vinieron a menos. El casco de esta hacienda ha sido bien reconstruido por su actual propietario, el maestro Francisco Hernández y Hernández, destacado político y hombre que sabe mucho del campo mexicano.

La de San Antonio quedó ahogada por las aguas de una presa que la cubrió en su totalidad, dejando sólo ver, como gigantesto periscopio por el cual se espía su pasada grandeza, la chimenea de la fábrica. La presa de que hablamos se pensó aprovechar como lago turístico, con sus barcos de vela o lanchas de motor. No se logró. La hierba y las plantas acuáticas invadieron el sitio y lo que podría ser lago, se ha convertido en engañoso pantano, que da la apariencia de una gran sementera. En principio, cuando las plantas acuáticas comenzaron a invadir, fueron llevados miles de peces, de rápida reproducción de esa especie, que pronto acaba con plantas acuáticas y limpia las lagunas. La idea no prosperó porque al poco tiempo los lugareños se dieron a la pesca. Se acabaron los peces, y la hierba siguió creciendo sin control.

La Hacienda de Francisco Javier quedó totalmente destruida.

No sobra decir que la estancia de súbditos ingleses por esos lugares se debió a gestiones hechas en Londres por conducto de don Lucas Alamán, quien deseaba que las minas, prácticamente abandonadas después de la lucha de independencia, volvieran a trabajar y a producir. La actitud de don Lucas, no bien vista por algunos, se debió a que no podía encontrar dentro del país personas dispuestas a acometer esa empresa.

Cuando la Marquesa Calderón de la Barca, que fue viajera incansable, y a quien debemos relatos de hechos y de cosas que pudieron haberse perdido para siempre, llegó a la Hacienda de Santa María de Regla, en 1840, se encontró con que un inglés era el administrador de la finca. Era éste Mr. W. Rule, a quien la visitante dedicara frases de elogio no solamente por la hospitalidad que le fue otorgada, sino por el buen trabajo y administración que al frente del negocio realizaba.

Resulta interesante saber que este señor Rule fue el fundador de la conocida familia, ya mexicana, de este apellido. Sus primeros descendientes tuvieron apego a las cosas del campo y muchos años después a las actividades hoteleras del país. Los Rule adquirieron la conocida hacienda queretana de Galindo, que, después de pasar a otras manos, se ha convertido en estupendo hotel, propiedad de la familia Robles Martínez.

Uno de los últimos sobrevivientes de la familia Rule fue el caballeroso don Jorge, fallecido en fecha reciente, quien fue propietario del "Hotel María Cristina", en la Ciudad de México.

Para darse una idea de la opulencia en que vivían los viejos hacendados de México, entre los cuales podemos citar nuevamente al primer Conde de Regla, don Pedro Romero de Terreros, que resulta figura representativa; cabe mencionar que cuando se celebró el bautizo de su hijo del mismo nombre y heredero del título, se tendieron desde la residencia del conde hasta la iglesia, como si fuera prolongada alfombra, barras de plata que cubrían el largo trecho. Así fue como el recién nacido, sus padres y amistades que asistieron a la ceremonia, pudieron caminar sobre el albo producto de las minas de Pachuca en un alarde de orgullo y opulencia.

Se sabe también que la señora condesa, por algunos de esos motivos que suelen afectar a las mujeres, tuvo pleito con la virreina. Esa situación no convenía al conde y buscó la reconciliación con la primera dama del virreinato. Para hacer las paces, la condesa envió a la virreina un par de chinelas (zapatillas) recubiertas con diamantes, lo que logró apagar la furia de la consorte del virrey.

Por aquellos días, el Conde de Regla, cuidadoso siempre de halagar al rey, mandó construir en La Habana, Cuba, para uso del monarca, dos barcos de línea, en cuya manufactura se emplearon solamente maderas preciosas como caoba y cedro, siendo sus interiores tachonados con lujo extraordinario. Sabía don Pedro que los monarcas aman más a sus súbditos cuando éstos se muestran generosos.

Construyó la iglesia de Real del Monte, fundó el Monte de Piedad, prestó en tiempos del Marqués Croix, (1770) cuatrocientos mil pesos oro y al Virrey don Antonio María de Bucareli (1775) ochocientos mil; regaló al gobierno real un navío de guerra de ochenta cañones.

Dato interesante en la historia de los condes, es también que su nieto, el tercer Conde de Regla, el hijo del que fuera conducido sobre montones de plata para impartirle las aguas lustrales, a su tiempo casó con una bella joven que era hija de doña María Ignacia Rodríguez Velasco y Osorio, la famosa "güera" Rodríguez, señora de historia y leyenda.

En la fecha nupcial abundaron las sedas de Damasco, los encajes de Bruselas en las damas y los paños ingleses y entorchados en oro en los varones, bajo una luz amarillenta de candelabros de oro y plata. La pareja viajó en su suntuoso carro cuajado de oro y plata que perteneció al Rey de Francia, Carlos X (1757-1836), hermano de Luis XVI y Luis XVIII), que la familia adquirió de un comerciante francés que lo trajo a México para negociarlo.

Como dato complementario puede agregarse que la "güera" Rodríguez, casada por tres veces, de cuyos supuestos amores con Simón Bolívar (1783-1830), a su paso por México, Agustín de Iturbide y otros dignatarios mucho se ha hablado, tuvo tres hijas. Las tres muy bellas. Una casó, como se ha dicho, con el tercer Conde de Regla. Murió joven, en Nueva York, siendo sepultada en la Catedral de San Patricio; otra se desposó con el Marqués de Guadalupe; la menor fue esposa del Marqués de Aguayo y quedó tempranamente viuda, yendo a vivir al lado de su madre hasta ocurrir la muerte de la famosa "güera".

No sobra decir que cuando el Barón Friedrich Alexander Humboldt, durante su estancia en la capital mexicana conoció a la "güera" Rodríguez manifestó: "Que era la mujer más bella que había conocido durante sus largos peregrinajes por el mundo". A lo dicho por el barón se suma el testimonio del inglés George Henry Ward (1827), quien se manifestó en términos similares al comentar la belleza de la dama.

Don Pedro Romero de Terreros, Conde de Tala y tercer Conde de Regla, Marqués de San Cristóbal y de Villa Hermosa de Alfaro, fue uno de los treinta y ocho funcionarios que constituyeron la primera junta provisional gubernativa del México independiente, conforme a lo previsto por Iturbide en el Plan de Iguala, respecto a formar una junta que se compondría "de los primeros hombres del imperio por sus virtudes, por sus destinos, por sus fortunas, representación y concepto".

La descendencia de los Condes de Regla ha subsistido hasta nuestros días; uno de sus más recientes miembros lo fue don Manuel Romero de Terreros, Marqués de San Francisco, Caballero de Malta, Secretario Perpetuo de la Academia Mexicana de la Lengua, Director de la Academia Mexicana de Historia, atildado escritor y hombre de empresa (1880-1968), quien dejó descendencia entre la que figura Carlota Romero de Terreros de Prevoisin.

Las viejas haciendas fueron repartidas para dar cumplimiento a las leyes agrarias; de algunas quedaron los cascos y algo de terreno, y en muchos casos han pasado a convertirse en hoteles o albergues similares. Tal es el caso de San Juan Tlacatecpan, hacienda cercana a Teotihuacán, propiedad de la familia Sánchez Navarro, donde se ha instalado con éxito un "camp" vacacional dirigido por Bárbara Sánchez Navarro.

Otras, las menos, subsisten como propiedad particular para uso de sus dueños. Como el caso de "El Sabino" propiedad de Francisco Pasquel Vega, de la conocida familia veracruzana, sobrino de don Jorge. Paco, abogado, no ha roto con la tradición familiar, que tiene apego a las cosas del campo: Ranchos, caballos, el verde paisaje.

Caso parecido es el del abogado Roberto Ordorica C., propietario de "Ojo de Agua", sitio que antaño formó parte del viejo marquesado de Cortés. Roberto ha logrado cultivar las siembras de aguacate de mayor producción en su finca y tiene gran apego y fe en el campo.

Si bien es cierto que el régimen hacendado con todos sus problemas y defectos contribuyó mucho en la época virreinal y hasta parte del siglo pasado al desarrollo económico del país, también lo es que hubo haciendas de triste memoria por su organización y sistema esclavista. Como ejemplo de lo anterior tenemos al estado de Yucatán donde la producción henequenera se apoyó en sistemas infrahumanos que fueron denunciados por escritores de la importancia de John Keneth Turner, autor de **México Bárbaro**, y posteriormente B. Traven, en sus libros **El barco de la muerte** y **La**

Rebelión de los Colgados.

Como caso concreto puede señalarse a la Hacienda de San Antonio Yaché, donde la más inicua y despiadada esclavitud era padecida por los hombres que en ella laboraban, desprovistos de la más elemental protección para sus vidas y familias.

Víctimas de la "Casta Divina", como se dió en llamar a los hacendados esclavistas, estos hombres, sus hijos y en general toda su familia, eran propiedad de los hacendados explotadores del henequén, quienes los compraban, vendían o asesinaban. Escuchemos algo de la narrativa del libro de J. Kenneth:

"¿Esclavitud? ¿quieren hacerme creer que todavía hay verdadera esclavitud en el Hemisferio Occidental? —respondía burlonamente Kenneth a cuatro mexicanos desterrados por el gobierno porfirista a los Estados Unidos— ¿Seres humanos comprados y vendidos como mulas en América? ¡En el siglo XX¡". Así fue como a principios de Septiembre de 1908 John Keneth Turner cruzó el Río Bravo, para después afirmar en su libro, **México Bárbaro**: "¿Esclavitud en México?. Sí yo la encontré. La encontré primero en Yucatán y después en el Valle Nacional.

Las haciendas son tan grandes que en cada una de ellas hay una pequeña ciudad propia de quinientos a dos mil quinientos habitantes, según el tamaño de la finca y los dueños de esas grandes extensiones son los principales propietarios de los esclavos, ya que los habitantes de esos poblados son todos ellos esclavos".

Sigue: "Con el propósito de conocer la verdad por boca de los esclavistas mismos, me mezclé con ellos, ocultando mis intenciones. Mucho antes de pisar las blancas arenas de Progreso, el puerto de Yucatán, ya sabía como eran comprados. El papel de la farsa que desempeñé en Yucatán fue el de un inversionista con mucho dinero que quiere colocarlo en propiedades henequeras. El principal entre los reyes del henequén de Yucatán es Olegario Molina, exgobernador del Estado y Secretario de Fomento de México. Sus propiedades tanto en Yucatán como en Quintana Roo abarcan más de seis millones de hectáreas. Existen aproximadamente cincuenta "reyes" del henequén que viven en ricos palacios en Mérida y muchos de ellos tiene casas en el extranjero. Los hacendados yucatecos no llaman esclavitud a su sistema, lo llaman servicio forzoso por deudas". Confidencialmente me dijeron: Sí, son esclavos. Los esclavos son principalmente indios yaquis traídos del Estado de Sonora, coreanos e indios mayas.

Yo no podía imaginar que la lejana Siberia Rusa sea tan mala como Yucatán. Los responsables durante los últimos veinticuatro años de enviar a los yaquis a Yucatán por motivos políticos (sublevados o "levantados") han sido los gobernadores de Sonora, Ramón Corral, después vicepresidente de México, Rafael Izabal y Luis Torres".

Independientemente de la ideología socialista de John Kenneth Turner, lo que vió y escribió de Yucatán hace estremecer hasta a los más apasionados enemigos de la Revolución Mexicana. Que tenía Kenneth mucho de idealista en sus afanes revolucionarios lo prueba el hecho de haberse ido después de México a Rusia con el propósito de combatir en la revolución en contra de los zares. No logró Kenneth del todo sus propósitos, porque murió en aquel país víctima del escorbuto.

Pero todas las haciendas nos dicen algo del pasado mexicano y colonial; las que dieron fama y lustre económico, primero a la Nueva España, y más tarde al México independiente, hasta que un día también fueron señaladas como una de las causas que prendieron la mecha de la Revolución Mexicana de 1910.

acienda La Labor. Fotografía de Pedro Aspe, tomada e la obra Antiguas Haciendas de México de Manuel Roero de Terreros.

acienda de Lira. Fotografía tomada por uno de sus dueos don Pedro Aspe.

Oleo del Duque de Regla y Marqués de Guadalupe don Carlos Rincón Gallardo, 1926.

erta principal de la capilla de la hacienda Ciénega de
ıta.

Una vista de la hacienda Ciénega de Mata de la familia Rincón Gallardo. Fotografía tomada de la obra Antiguas Haciendas de México.

Otra vista de la hacienda Ciénega de Mata.

cienda de La Condesa. Litografía de Casimiro Castro. tualmente (1983) se encuentra allí el edificio de la Em- jada Rusa.

este sitio ocupado actualmente (1983), por la Embaja- Rusa, estuvo el casco principal de la ex-hacienda de Condesa. Esta fotografía fue tomada en el año de 30.

Hacienda de San Antonio Clavería. Oleo de la obra de Ducoing.

Hacienda de San Antonio Coapa, o lo que quedó de ella El casco se encontraba sobre la calzada de Tlalpan a la altura de la actual preparatoria número cinco.

cienda de La Teja, de un óleo del pintor Luis de Coto. tualmente en este lugar se encuentra la colonia auhtémoc. En el sitio donde estaba el casco, actualnte (1983) se encuentra el edificio de la Embajada ericana en la avenida Reforma.

ta casa perteneció a la célebre güera Rodríguez, el dio es obra de Ducoing, quien con su lápiz ofrece este pecto de "La Casa de la Bola" que se encontraba ubida por rumbos de Tacubaya.

Casco de la exhacienda de Tuxpango cerca de Orizaba, Veracruz, donde se sembraba café, naranja y plátano. Durante la revolución sirvió como cuartel a los generales Cándido Aguilar y Gabriel Gavira. Foto tomada de la obra de Gustavo Casasola.

Hacienda pulquera de Chimalpa en los llanos de Apan y que fué tomada por las fuerzas revolucionarias de los generales Gabriel Hernández y Margarito Mata.

·pilla principal de la hacienda de Jurica.

Celestino Salcedo Monteón Líder de la C.N.C. con el Gobernador de Sonora Carlos Armando Biebrich, 1975. El Líder Celestino fué responsable de la invasión del Valle del Yaqui. Biebrich defendió con pasión los intereses del campo sonorense, le costó la gubernatura.

Otro aspecto de la hacienda platanera y cafetalera de Las Animas, en Fortín de las Flores, Veracruz. Que fué refugio durante la llamada revolución de la Huertista de los generales Cándido Aguilar y Miguel Alemán; entre sus huéspedes figuran el general Alvaro Obregón y el general Juan Andrew Almazán.

s Animas, en Fortín de las Flores, Veracruz, actual
›piedad (1983) de la Nena Ruiz Galindo.

Otra vista de la hermosa hacienda de La Gavia.

ienda de "La Escoba".

cienda de La Gavia, en la foto podemos observar el
io principal y a los señores José Ramón Albarrán
re e hijo.

La capilla que se encuentra dentro de la hacienda de La Gavia.

a vista de la presa de la hacienda de La Gavia.

tio principal de la hacienda de Jurica hoy convertida
elegante hotel-restaurant-bar.

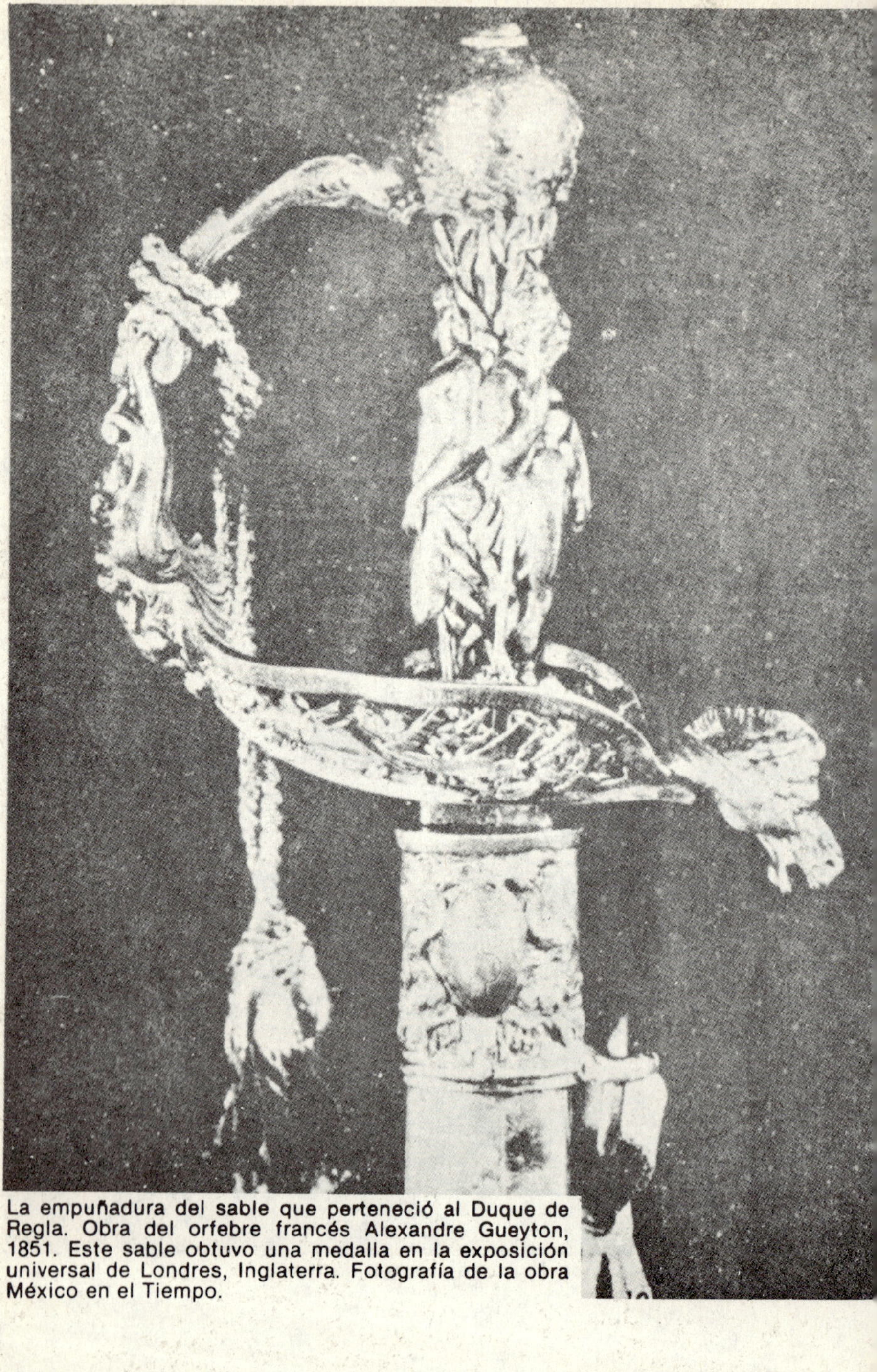

La empuñadura del sable que perteneció al Duque de Regla. Obra del orfebre francés Alexandre Gueyton, 1851. Este sable obtuvo una medalla en la exposición universal de Londres, Inglaterra. Fotografía de la obra México en el Tiempo.

Hacienda de Goycochea, hoy conocido restaurante "San Angel Inn", foto tomada en el año de 1920.

Hacienda de Santa Mónica, propiedad de la familia Hagembeck.

Ferrocarril mexicano, litografía de Casimiro Castro, impreso por H. Iriarte, México 1868.

Hacienda de Tetlapayac, foto tomada de la obra de Gustavo Casasola.

acienda Manga de Clavo en el actual estado de Ve-
cruz y que perteneció al presidente Santa Anna.

Parte de lo que fuera la capilla de la hacienda Manga de
Clavo, propiedad del general Antonio López de Santa Anna.

Hacienda de Tlahuelilpan, Hidalgo. Según un óleo de autor desconocido. Actualmente (1983) en remodelación.

El ex-casco de la Hacienda de Jalatlaco, foto tomada de la obra de Gustavo Casasola.

sco de lo que fué la ex-hacienda del Jaral, según un
o de esa época.

orama de la gente que conoció la Marquesa Calderón
la Barca. Tomada de una litografía de la colección
tidos Mexicanos de Linati.

Otra vista de la hacienda Manga de Clavo, propiedad del general Santa Anna.

Cuadro de la hacienda de Ometusco, Estado de México. Foto tomada de la obra Los de Arriba.

erta principal de la hacienda de San Antonio Ometus-. Foto tomada de la obra de Eduardo León de la Barra.

igencia en la hacienda de Ometusco. Foto tomada de obra de Eduardo León de la Barra.

CAPITULO CUARTO

EL MARQUESADO DEL VALLE DE OAXACA

A la vuelta de su primer viaje a España, Cortés (1530) se instala otra vez en Coyoacán. El conquistador tiene nueva esposa, Juana Zúñiga, hija del Conde Aguilar y sobrina del Duque de Béjar, quien por su matrimonio es ahora, Marquesa del Valle de Oaxaca. La señora habita el mismo lugar y quizá ocupe los propios aposentos donde falleciera, se dice, estrangulada por su marido, la primera esposa del conquistador, Catalina Xuárez Marcayda. De la casa original de Cortés, según ha podido comprobarse solo subsisten las piedras de su base sobre las que se apoya la construcción, que hasta la fecha se conoce como "Casa de Cortés". En este edificio funcionan las oficinas de la delegación política de Coyoacán y en algún tiempo existió un pequeño museo que posteriormente se liquidó al ser llevados los objetos que contenían al Museo Nacional, o a alguna otra dependencia del mismo tipo. Se tiene conocimiento que el conquistador construyó en Coyoacán, a raíz de su arribo, dos mansiones; una de ellas fue la que propiamente puede considerarse su palacio y casa de gobierno. La otra fue obsequiada aparentemente a la Malinche quien tal vez tuvo que abandonar el inmueble al arribar a Coyoacán, procedente de Cuba, la primera esposa de don Hernando, Catalina Xuárez. Fue voz popular de aquellos días que doña Catalina murió estrangulada a manos de su marido.

Esta última casa, la de "La Malinche", considerada la más antigua de las que existen en Coyoacán, es la que conserva mayor autenticidad en su construcción original. Algunos historiadores afirman que dicha casa fue causante de las primeras desavenencias surgidas entre el conquistador y su esposa, cuando ésta arribó a Coyoacán.

El motivo es bien claro: Los celos. No pudo haber ocultado la española su indignación al ver que su marido había obsequiado con un palacio a la hermosa india de Painala, a quien por contundentes razones se le ha llamado "La Dama de la Conquista".

La historia de la boda del extremeño con Catalina Xuárez Marcayda, se remonta hacia el año 1511, época en que llega a Cuba nombrado por Diego Colón, que era gobernador (1509-1515) y casi virrey de la Isla de la Española (Dominicana y Haití), Diego Velázquez para conquistarla y gobernarla. Con el mismo grupo iban cuatro muchachas de buen ver apellidadas Xuárez, a quienes acompañaba la madre, María Marcayda, el padre de nombre Diego Pacheco y un hermano, Juan; el padre de las Xuárez murió a los pocos día de haber llegado a la nueva colonia. Incluyendo a Velázquez, les echaron ojos a las muchachas que, como dice el viejo refrán, resultaban "benditas entre los hombres".

Diego Velázquez ya era viudo. Escribe Las Casas: "Un domingo celebró sus bodas y el sábado siguiente ya lo hallé viudo". Indica esto que don Diego, sólo permaneció casado dos, tres, o cinco días y al sábado siguiente la mujer ya no estaba en el mundo de los vivos. ¿Cuáles serían las causas de la muerte de la señora?. Como la historia no lo dice, habrá que imaginarlo: Pudo bien enfermarse y morir de súbito o encontrarse de pronto frente a la daga de don Diego, quien también tenía a su alcance los poderosos venenos que sabían fabricar los lugareños. ¿Pero, porqué casó el nuevo gobernador de Cuba con esa dama, en el supuesto caso de que habría de matarla?. Muy sencillo, Velázquez a través de su boda, aceleró el acuerdo de su tocayo, Diego Colón, que lo convertía en el Gobernador de Cuba, porque la noble dama con la que se desposó era amiga y protegida de la esposa del hijo de don Cristóbal, doña María del Pilar Toledo, hija del Duque de Alba, con ínfulas de virreyna.

Pero, volvamos a los Xuárez, siendo el gobernador, convirtió a una de las hermanas, a doña Leonor, en su amante, situación ante la cual madre y hermano cerraron discretamente los ojos.

Se dijo que no podía exigir mayores compromisos porque las muchachas, desde la isla de la Española y tal vez desde antes, ya tenían una "historia" que no era precisamente de virtudes.

Así andaban las cosas, cuando el tesorero, Hernán Cortés, llegado también en la comitiva, se aquerenció con una de las muchachas Xuárez, con Catalina, pero con toda seguridad sin pensar en matrimonio, sino con el sólo objeto de estar más cerca e intimar con el que ya era su jefe, por ser el gobernador; Diego Velázquez.

Alguna intriga debió haberse tejido entre las Xuárez, su familia y don Diego. Entonces brotó en la acalorada mente del gobernador la idea de presionar y pedir a Cortés que se casara con su cuñada putativa, lo que era lo mismo que pretender que el futuro conquistador a México se desposara con la que ya era su amante. Al negarse Cortés a llevar al altar a Catalina, montó en cólera don Diego, debidamente azuzado por la familia de Catalina y más de cerca, por la hermana de la misma, que era su dama de íntima compañía.

Don Hernando se niega, vuelve a negarse, y ...¡a la cárcel!. Para estar a tono con la ira de don Diego, lo meten en un cepo, ese instrumento cruel y absurdo, herencia del medievo. Allí pasa muchos días, con sus tropicales noches, pero, poco a poco, el encarcelado logra sacar el tobillo y un pie de la cruel madera; después, se libera por completo y ocultado por las sombras de una noche, corre hacia una iglesia. Piensa que ahí no podría sacarlo Velázquez y sus esbirros. Pero el gobernador es astuto y le pone una trampa en la que cae el extremeño: Manda a la propia Catalina, que llega hasta el atrio de la iglesia para parlamentar con el fugitivo: Si te casas conmigo, te perdonan. Pero no llegó a pronunciar su respuesta don Hernando, porque en esos momentos le caen los enviados de Velázquez, iracundos y bien armados.

Ya no lo devolvieron a la cárcel. Lo llevaron a uno de los

barcos que por ahí estaban anclados y que se creyó ofrecía seguridad para que no volviera a intentar fugarse. Se equivocaron.

Al llegar con él a la embarcación, le metieron grillos y cadenas que casi lo inmobilizaron, pero cometieron el error de dejarle un criado a su servicio para que le auxiliara. Fácil es comprender que muy pronto Cortés se conquistó y embaucó a su sirviente, hasta que una noche Cortés, que había adelgazado notablemente, logró sacarse las argollas del tobillo y poco después las cadenas. Cambió sus ropas por las del criado y ... ¡a nadar!. Cuando ganó la costa, metido en las sombras de la noche, con toda astucia se dirigió veloz a la casa de Juan Xuárez, a quien de inmediato prometió casarse con su hermana y le llamó cuñado. Sólo necesitaba protegerse de Velázquez, y acompañado por Juan, corrió otra vez a la iglesia en busca de asilo temporal.

Había hablado en serio Cortés. Se casó con Catalina e hizo las paces con Velázquez. Todo esto, como es de comprenderse, fue hecho contra su voluntad y sólo con el fin de evitarse mayores males, como hubiera sido que lo regresaran a España y llegar en plan de derrotado o quizá, a la no muy lejana isla de la Española.

Tiempo después, cuando doña Catalina decidió alcanzar a su marido, en compañía de su familia, en México, es obvio que éste no sintiera ningún afecto por lo que tan duros y crueles problemas le había causado. Lo anterior acusa la posibilidad de que el extremeño, incapaz de tolerar a su mujer, se hubiera convertido en uxoricida.

Años después (siete), la madre de Catalina, María de Marcayda logró instaurar dos juicios al yerno: Uno de orden criminal donde se le responsabilizaba de la misteriosa muerte de su primera esposa, y otro de orden civil para reclamarle presumibles bienes que, según la madre de la finada, ésta había aportado en Cuba, al momento de desposarse con don Hernando.

Los dos juicios se ventilaron en México. Del primero, por falta de pruebas legales, fue absuelto el conquistador. No ocurrió lo mismo con la demanda civil, porque a pesar de que los testigos, Juan Barba, Diego Barba, Antonio Velázquez y Diego Ruiz, interrogados en Cuba, declararon que les constaba que la señora Catalina Xuárez, a quien conocieron con amplitud, era de tal pobreza que no pudo haber aportado un solo maravedí en la unión conyugal; pero el Marqués del Valle, fue condenado por los jueces a pagar a su suegra y demás herederos de ella trece mil castellanos que debía entregar en un plazo de dos años.

Don Hernando oyó la sentencia con aparente acato y sumisión, pero no debió estar dispuesto a aceptarla toda vez que eludiendo responsabilidades, al amparo de lo permitido por las leyes, no pagó a su suegra, un solo centavo. La reclamación se prolongó muchos años después de la muerte de Cortés, porque, irónicamente, el juicio duró más de setenta. Como siempre ocurre en juicios sucesorios y otro más.

La conseja popular, desde el momento en que ocurrió la muerte de Catalina, dio por cierto que "su alma andaba en pena". Se decía que peregrinaba por las noches y hacía el recorrido entre la "casa colorada" donde fue muerta y la iglesia de la Concepción, donde se le dió, eso sí, cristiana sepultura; gritos desgarradores o sollozos, afirmaban escuchar los vecinos. Ingenuidad de la época.

La leyenda se mantuvo en pie durante siglos, y nadie quería adquirir la casa de "La Malinche", "la casa colorada", hasta que el filósofo mexicano, cuyo nombre estará siempre ligado a la Universidad Nacional, José Vasconcelos, la adquirió en treinta mil pesos para obsequiarla a su hija Carmen. Actualmente la casa es propiedad de una pareja de artistas formada por Arturo García Bustos y Rina Lazo, quienes la cuidan y conservan con cariño.

Como dato interesante afirma el connotado historiador y académico don Francisco Fernández del Castillo: "Entre los descendientes... de doña María de Marcayda... debemos de contar a Juana Ramírez, a quien impropiamente llaman Juana de Asbaje y más conocida con el nombre de Sor Juana Inés de la Cruz, la décima musa''.

Las investigaciones realizadas por el escritor Fernández del Castillo, de probada seriedad, y por lo tanto muy respetable en sus acertos, lo condujeron, siguiendo las complicadas ramas de la genealógica familiar, a descubrir entre la descendencia de los Xuárez (rama Leonor Xuárez), nada menos que a Juana Ramírez o Juana de Asbaje, o sea lo mismo que nuestra admirada e impar décima musa: Sor Juana Inés de la Cruz.

Resulta interesante saber que cuando la poetisa de Nepantla profesó como religiosa, al escribir su nombre de puño y letra, asentó Juana Ramírez, y como tal fue conocida entre la hermandad, hasta que mucho después, al cruzar las puertas de la fama, la historia le adjudicó su apellido paterno, Asbaje, a la usanza de la época actual.

Pero en aquella época (1651), cada hijo llevaba diferente apellido, lo que históricamente ha originado muchas confusiones en las investigaciones genealógicas. Por lo tanto, aún cuando en la actualidad le correspondía el apellido Asbaje, como ella se firmaba Juana Ramírez, ese debía ser el suyo, con el que se le debería mencionar y, además, así consta en su retrato que existe en España en el Museo Provincial de Toledo.

Fernández del Castillo, quien fue uno de los más apasionados investigadores de la etapa histórica de México, a raíz de la conquista, afirma también que Hernán Cortés no fue responsable del uxoricidio que se le imputó en la persona de Catalina Xuárez, su esposa. Afirma don Francisco, en forma decidida, y casi jura que el conquistador nada tuvo que ver con la muerte de doña Catalina, calificando esta versión como simple ''chismorreo'', al calor de intrigas palaciegas y ambiciones económicas de parte de los deudos de doña Catalina, entre ellos su propia madre y hermanas.

Por otra parte, el reputado historiador mexicano Joaquín García Izcalbaceta asegura que el uxoricidio de que se habla "no fue creído ni por los propios enemigos de Cortés".

Otro testimonio que puede considerarse de mucho peso es el de Juan Suárez de Peralta, hijo del hermano de doña Catalina, y por lo tanto nieto de la propia acusadora María de Marcayda, quien en su historia refuta la imputación que se le hizo al extremeño, manifestando con duras palabras, que la acusación fue fruto de engaños e intereses mezquinos.

Sea lo que sea, la historia no ha podido salvar del todo a don Hernando, y como dijo el célebre político Voltaire (1694-1778): "De la calumnia siempre queda la duda". El "milagro" sigue colgado sobre su recia armadura. ¿Mató o no Cortés a su mujer?. Esa es una pregunta de difícil respuesta, porque existen datos y afirmaciones, en uno y otro sentido. Cada quien debe buscar su propio veredicto, el cual resultará difícil, porque sólo tendría que apoyarse en conjeturas. Los "chismorreos" de que habla Francisco Fernández del Castillo era, y aún son, cosa corriente en torno a la vida de ciertos personajes y desde luego que don Hernando no podría escapar a ellos. Pero también, por otra parte, existen antecedentes para pensar que no le resultó en ninguna forma grata la llegada de su esposa a Coyoacán, acompañada de su familia, y que lo ocurrido en Cuba no podía resultar grato en sus recuerdos. Estamos pues, ante un enigma, y lo más lamentable es que éste continuará en pie.

Entre las investigaciones realizadas por el propio historiador Fernández del Castillo, existe un curioso dato que hace aparecer a la belleza de las hermanas Xuárez, como arrebatadora; podría decirse que fue una de las bases de su futuro económico y social. Testigos de la época afirmaron que la familia Xuárez, en su mayor parte eran personas de escasos recursos. Pero las hijas... De Leonor, una de ellas, que fue el amor de Diego Velázquez y del adusto primer virrey de la

Nueva España, don Antonio de Mendoza, se dijo, al ponderar su belleza: "Que había nacido para ser aya de príncipes".

Descendientes de la familia Xuárez fueron honrados con títulos nobiliarios (rama Constanza Xuárez) entre ellos, el tercer Conde del Valle de Orizaba y Vizconde de San Miguel, don Nicolás de Vivero y Peredo. El primer conde fue don Rodrigo de Viveros y Averrucia, Capitán General y gobernador de las Islas Filipinas (1608). Logró que el Japón abriera el comercio exterior con España, usando el puerto de Uraga, cerca de Yedo (hoy Tokio). Era sobrino del Virrey don Luis de Velazco, hijo. En 1620 fue nombrado presidente de la Audiencia de Panamá.

Según cédula real del 14 de Febrero de 1627, el rey Felipe III le concedió título de Conde del Valle de Orizaba y Vizconde de San Miguel. La familia gozó de fama y riqueza con sus grandes propiedades, y sus fincas eran tantas que tenían fama, según se cuenta, en ir desde México hasta Orizaba, pisando únicamente tierras de sus propiedad.

Recientemente se levantó en el Japón, un monumento conmemorativo de la visita de Vivero, considerada como el inicio de las relaciones oficiales de ese país con el exterior.

Fundaron el primer ingenio de la comarca de Orizaba, llamado de San Juan Bautista.

El hijo de don Nicolás de Vivero, llamado igual, hizo construir en la segunda mitad del siglo XVIII, el famoso Palacio de los Azulejos, que aún puede admirarse en lo que fue la calle de Plateros y actualmente es Francisco I. Madero, esquina con la calle de la Condesa.

Sobre esto existe una pequeña historia que, cierta o falsa, resulta elocuente. Dícese que el conde, en su juventud fue muy dado al vino, al juego y a las mujeres, rehuyendo el trabajo y motivando con ello las reprimendas de su padre, que le echaba en cara su mal comportamiento y despilfarro. El viejo conde tenía una frase que el espetaba para hacerle ver su poco juicio: "Hijo, no harás casa con azulejos".

Sigue contando la historia que con el tiempo el conde, ya maduro, fue ejemplo de trabajo y moral. Entonces, seguramente recordando la frase ejemplar, mandó llamar a los mejores orfebres de la época, arquitectos y proyectistas, les dijo: "Quiero que me construyan una casa de azulejos". Se hizo la casa, mejor, el palacio.

Concluida, la habitó el conde y después sus descendientes, hasta fines del siglo pasado en que se instaló allí el Jockey Club, que nos recuerda al famoso poeta mexicano, Manuel Gutiérrez Nájera, a quien por su distinción y modales apodaron "El Duque Job".

Le dedicó a su novia el siguiente poema, del que se transfiere esta bella cuarteta:

> Desde la esquina de "La Sorpresa"
> hasta las puertas del Jockey Club,
> no hay española, yanqui o francesa
> ni más hermosa, ni más traviesa
> que la duquesa del duque Job.

En la segunda década del presente siglo, el Jockey Club cerró sus puertas y el Palacio de los Azulejos se convirtió en la Casa del Obrero Mundial (1912); posteriormente fue adquirido por los hermanos Walter y Frank Sanborn, de nacionalidad norteamericana, quienes establecieron allí (1918) un restaurante de estilo americano que subsiste hasta la fecha y forma parte de una conocida cadena llamada Sanborns Hermanos, S.A., que se ha multiplicado. Sus ventas en 1970 pasaron de trescientos millones de pesos.

La vieja casona se conserva en perfecto estado; sus muros y techos restaurados son originales; la escalera central que conducía al patio y a las caballerizas de la casa se muestra intacta, y el confort de la época le ha dado señorialidad y distinción de primer orden. Da gusto ver la casa del conde.

Recordemos el año de 1833 para narrar un suceso que protagoniza doña Dolores Caballero de los Olivos, Condesa del Valle de Orizaba, (viuda de don Andrés Suárez de Peredo, Conde del Valle de Orizaba, a quien asesinaron durante la revuelta (1828), llamada de la "Acordada"). La viuda Condesa, moradora entonces del Palacio de los Azulejos y dama muy conocida entre la élite social de aquellos días, es la heroína.

Ese año, la ciudad de México fue azotada por el cólera, grave y mortal epidemia que entró al país procedente de Asia y que probablemente fue traída por súbditos chinos víctimas de la peste. La gente moría como moscas. No había medicina que pudiera aplicarse con éxito a los infectados, ni personal suficiente para atenderlos. Terror.

Para evitar en lo posible la temida contaminación, quienes morían eran rápidamente echados sobre una carreta y conducidos al cementerio. Los cocheros, nariz y boca tapadas, hacían el servicio.

La condesa pescó el mal. La atendieron lo más que se pudo, que al fin era una condesa, pero su vida se le esfumó a los médicos. Por ser quien era, no corrió la misma suerte que otros fallecidos. Se le condujo a la iglesia de San Diego, a un costado de la Alameda, para proceder a su velación y prodigarle las honras fúnebres de costumbre, "para el eterno descanso de su alma". Parientes y amigos se congregaron en el tempo para decir su adiós a tan querida dama. Los rezos y oficios se prolongaron hasta la medianoche, hora en que los dolientes comenzaron a retirarse, quedando sólo algunos parientes y los rezadores de oficio. La difunta yacía recostada sobre el catafalco abierto; blanco sudario, crucifijo entre las manos y cuatro gruesos cirios que alumbraban su pálida faz.

Hacia la madrugada, cuando unos cuantos dolientes, semidormidos, aún quedaban por ahí, la "muerta" se incorporó preguntando con débil voz, qué ocurría. Su pregunta quedó sin respuesta, porque, al ver aquella escena, todos, sin excepción, huyeron despavoridos.

Haciendo gran esfuerzo, la condesa bajó del tétrico altar donde la habían colocado, tomó un cirio para alumbrarse y se echó a andar hasta salir a la calle como sombra tambaleante.

Metida en la negra boca de la noche, cirio en mano, la señora cruzó la Alameda donde algunos desvelados, al verla, corrieron o se desmayaron. Así llegó hasta las puertas de su palacio que, como se ha dicho, era el "de los azulejos", en la entonces calle de Plateros. Llamó con gran estrépito y, después de mucho esperar, escuchó la voz del viejo mozo que, entre dormido y enojado, preguntaba desde adentro quién tocaba a esas horas de la madrugada con tan poco comedimento: "Abre rápido, soy tu ama, la condesa". El mozo se echó a reir: "Mi ama murió ayer, y yo mismo estuve anoche en su velorio, lárgate y no molestes". La pobre mujer rompió en gritos y sollozos que despertaron a los vecinos, quienes desde sus respectivos balcones la reconocieron y bajaron para prestarle auxilio.

Huelga aclarar que la condesa sólo había sufrido un ataque de catalepsia, que motivó su enfermedad y que a punto estuvo de ser enterrada viva. La historia concluye en que a partir de esa fecha, la angosta calle de su morada recibió el nombre de "Calle de la Condesa", nombre que conserva hasta el presente y nos recuerda esta historia que bien podría ser motivo de una novela.

Don Hernando no se cruza de brazos al instalarse en la tierra del coyote; (coyotl = coyote; hua = posesión; can = lugar); tampoco ha decaído su ánimo como consecuencia del mal trato o indiferencia que le manifiesta su rey en España.

Activo, emprendedor, fuerte física y mentalmente, traza proyectos y se dispone a realizarlos. Organiza expediciones por los aledaños, y planea otros hacia tierras lejanas. Don Hernando varias veces antes había estado en Cuernavaca;

ahora comienza su marquesado.

Aquellos paisajes le fascinaban, se había enamorado de la comarca. Ya esperaba al marqués en Cuernavaca su pétrea residencia, que con el tiempo pasó a ser el palacio de su nombre. (iniciado en 1526). Quizá no estaba del todo concluido, pero su propietario se ocuparía de terminar la obra.

El extremeño llegó por primera vez a Cuernavaca el 13 de Agosto de 1521, con treinta caballos, trescientos infantes españoles y más de tres mil tlaxcaltecas. Salió de Texcoco hacia el sur y volvió por el norte, después de haber pasado por Chalco, Tenango, Oaxtepec, Yautepec, Cuernavaca, Xochimilco, Coyoacán, Tlacopan, Cuautitlán y Tepexpan. Dibujó la ruta del turismo. El propósito de Cortés era dar una vuelta en torno de las lagunas del Valle de México y someter a sus poblaciones, porque pensaba que, acababa esta misión, que era primordial, estarían terminados los trece bergantines y aparejados para echarlos al agua y poder reconquistar la Gran Tenochtitlán.

Salió el 5 de Abril de 1521 y el día siete inició el paso de la serranía con un ataque a los peñoles de los indios; siguió a Oaxtepec, ya dominado por Sandoval; después a Yautepec y Xiutepec. Cuernavaca fue el punto saliente de aquella campaña. Con repetidos incidentes, y tras una batalla en las barrancas de Amanalco que rodeaban la ciudad, hizo capitular a Yoatzin, cacique de Cuernavaca, y entregar el territorio de Cortés. Ya los tlahuincas serían aliados del extremeño. En lengua indígena Cuauhnáhuac significa: cerca del bosque. Y está representada en el código Mendocino por su jeroglífico en forma de árbol.

Años más tarde, por mandato real, habría de dar allí principio la enorme extensión que le fue dada, como recompensa a su obra de conquista: El Marquesado del Valle de Oaxaca.

No sobra decir que el nombre original de Cuauhnáhuac, se descompuso por no poder pronunciar el idioma náhuatl los españoles. Cortés, en una de las cartas de relación a

Carlos V, escrita el 15 de Mayo de 1522 desde Coyoacán, cambia el nombre de Cuauhnáhuac, por el de Coadnabaced; el cronista Bernal Díaz del Castillo la llama Coadalbaca, y así, el uso y la costumbre la descompusieron hasta llegar al nombre actual de Cuernavaca. Lo mismo ocurrió con otros nombres que a los castellanos resultaba difícil pronunciar.

Llega Hernán Cortés, en 1530 a Cuernavaca, donde es recibido con alegría y respeto. Ya no sólo es el capitán general, ni el jefe de los conquistadores que abrieron la ruta de la dominación, ahora es también el señor Marqués, en ejercicio y con poderes reales, civiles y criminales; poseedor de vastas tierras y vasallos. En estas tierras le fueron entregados oficialmente veintitres mil vasallos, "merced" que fue causa, con el tiempo, de una de las mayores contiendas entre Cortés y las autoridades virreinales.

Pretendía Cortés que esos vasallos se contasen por familias, no individualmente. La diferencia era tan grande, y la contradicción tan radical que tuvieron que dejar pendiente por muchos años la operación. Por otra parte, el Sumo Pontífice Clemente VII concedió a Cortés derechos de patronato en el cobro de diezmos y primicias. La corona intervino, retuvo la bula y declaró sin efectos sus concesiones. Cosas del siglo XVI.

Al establecerse en Cuernavaca, el marqués pide informes sobre el estado de sus siembras iniciadas cinco años antes; quiere saber el patrón cómo va el ingenio de Axomulco que poseía en sociedad con Antonio Villaroel (marido que fue de Isabel de Ojeda y que después se cambió el nombre, llamándose Antonio Serrano de Cardona.

El alférez Antonio Villaroel, traía pleito con Cortés, desde la isla de Cuba, debido a una india que ambos habian enamorado. Cuando se fundó la Villa Rica de la Vera Cruz, se nombró a los primeros alcaldes: AlonsoHernández Puertocarrero y Francisco de Montejo, destituyéndose a Villaroel como alférez y nombrándose en su lugar a Corral. Más tarde, por sus servicios en la conquista y especialmente en la reconquista del Valle de México, lo premió otorgándole toda clase de riquezas.

Sin embargo, en 1528, Serrano de Cardona, aprovechando la partida de Cortés hacia la conquista de las Hibueras, lo traiciona junto con Nuño de Guzmán, Vázquez de Tapia, Sánchez Farfán, Verduzco y Delgadillo, repartiéndose las propiedades del conquistador.

Don Hernando dicta sus órdenes para activar labores, y en su palacio recibe numerosas visitas de quienes concurren a rendirle obediencia y pleitesía.

Desde España, con el matrimonio ha viajado también la madre del conquistador, a quien trajo de allá cuando ocurrió la muerte de don Martín, su padre, poco antes de llegar él a España. Cabe decir que esta dama falleció en el camino a México y fue enterrada en Texcoco. Fue tía de otro famoso capitán español, Francisco Pizarro, conquistador del Perú.

Por esa tierras del actual Morelos, el capitán general ya había sembrado caña de azúcar, iniciando su beneficio, primero con rudimentarios trapiches y, posteriormente, instalando maquinaria que inauguró los primeros ingenios azucareros.

Anteriormente, a raíz de su llegada, el conquistador fundó el primer ingenio en tierras de Veracruz, en la región tropical de los tuxtlas, de lo que no queda ahora ningún vestigio. Se dice también que más tarde, en Coyoacán, experimentó sembrando caña de azúcar, pero, desengañado, llevó los cultivos a Cuernavaca. Salvador Novo dice: "En Coyoacán nació la cultura del trigo, que sembró por primera vez el esclavo negro, Juan Garrido". También informa que en Coyoacán surgieron varios ingenios de azúcar y Humbolt dice también que, en tiempos de Cortés, ya había ingenios de azúcar cerca de Coyoacán. Esto último lo creemos muy dudoso en virtud de que el clima de la meseta mexicana, particularmente en la zona de Coyoacán, no resulta propicio para el cultivo de cañaverales. Es Axomulco, el segundo Ingenio Azucarero construido en la Nueva España; la fecha se remonta a 1527, levantándose la construcción sobre terrenos de Tetela o Ixtayuca, por donde hoy es la entrada a Cuernavaca yendo de México, por el rumbo de los cuarteles militares.

Fue Axomulco el que podía considerarse hermano mayor de los otros dos que de inmediato le sucedieron: Tlaltenango y San Antonio Atlacomulco. Los tres se enlazan con el nombre del Conquistador, el primer "azucarero" de la Colonia.

Una serie de pleitos judiciales y enredos económicos acabaron con el ingenio de Axomulco. Para evitar problemas, el hijo de don Hernando, don Martín, segundo Marqués del Valle, hizo desmantelarlo y transladó sus enseres y maquinaria a Tlaltenango, comenzado ya desde 1536, que llegó a ser el de mayor producción de la época. Quedó así sellada la existencia del Ingenio de Axomulco.

Nuevos líos judiciales, provocados por ventas e hipotecas no muy legales, cuyo orígen se remonta al Ingenio de Axomulco, acaban también, en 1642, con el ingenio de Tlaltenango. Se le desmantela. Sus pertenencias se transladan a San Antonio Atlacomulco, donde se echa a andar un nuevo ingenio, en terrenos propiedad del conquistador, donde éste ya había edificado anteriormente una casa de campo con su huerta y naranjales. Se establece así un nuevo ingenio, con instalaciones más amplias y modernas.

Son ya los descendientes del extremeño quienes se encargan de explotar y trabajar esta fábrica de azúcar que llegó a ser el más grande de los Ingenios de la Nueva España y que, al decir de algunos historiadores, don Hernando pensó establecer desde el principio en ese lugar por considerar más adecuada y conveniente su ubicación, tomando en cuenta clima y altitud.

Como se ha dicho, don Hernando construyó en ese sitio

una amplia casa de cal y canto, misma que fue utilizada en su mayor parte al edificarse el ingenio de San Antonio Atlacomulco.

El Marquesado del Valle de Oaxaca, del cual don Hernando es Marqués, comienza en Cuernavaca y comprendía cuarenta y cinco pueblos más, en lo que hoy es el estado de Morelos, Coyoacán con Tlalpan y San Angel, Toluca y catorce pueblos más, en los que actualmente es el Estado de México, Chalco y tres pueblos en Michoacán, Santiago, Tuxtla, Veracruz con otros tres pueblos, Jalapa, Tehuantepec y se extendía hasta lo que hoy son tierras de Chiapas, Puebla, Guerrero y Oaxaca con veinte pueblos. Pero no se piense que se trataba de un territorio continuo y con fronteras; son, por así decirlo, "islas territoriales, dentro de las que se sitúan las propiedades de Cortés, quien sobre esos sitios tiene amplia autoridad civil, criminal y hasta militar. También forman parte de este marquesado otras propiedades que el conquistador poseía lejos de los territorios mencionados: Su casa en la Ciudad de México, entre las cuales se cuenta la que después se convierte en Palacio Virreynal, hoy Palacio Nacional y algunas más. Todo esto prueba que Cortés comprendió pronto la geografía del México indio y aprovechó las principales rutas comerciales prehispánicas.

Es marqués, y su principal función fue nombrar gobernador del Marquesado y Justicia Mayor del Estado, que tenía una doble función: amplios poderes administrativos y absoluta autoridad judicial, por lo que, a su vez, el gobernador del marquesado podía designar a todos los funcionarios administrativos y judiciales. Entre las principales actividades del gobernador estaban cobrar deudas, revisar y aprobar presupuestos, arrendar toda clase de propiedades, comprar provisiones y cualquier clase de útiles o equipos; representar al marqués en asuntos eclesiásticos, destituir o nombrar funcionarios, recaudar rentas y tributos. La autoridad máxima, por supuesto, pertenecía al marqués, pues sólo él podía nombrar Gobernador y Contador Mayor que, a su vez, tenía la facultad de revisar todas las cuentas del marquesado. La sede del marquesado, a la muerte de Cortés, estaba en la calle de Empedradillo, en el Palacio que actualmente ocupa el "Nacional Monte de Piedad". Debe aclararse que tenía Cortés algunas tierras y propiedades que no formaban parte del Marquesado, como Otumba y Tepepulco, que eran encomiendas. En 1680, la corona separó del Marquesado, la Villa de Tehuantepec. Formaba parte la Plaza del Volador que estaba arrendada al gobierno virreynal. La mayor parte de los bienes del Marquesado fueron vendidos a partir de 1835.

Cortés, con buenos cálculos y visión, establece dos zonas de Ingenios Azucareros. Una por Veracruz y la otra por Cuernavaca y Cuautla. La idea era que la producción del azúcar en tierras de Veracruz, cercana al mar, fuera enviada a España, en tanto que la producida en la zona de Cuernavaca, se utilizaria para el consumo de la Nueva España. Razones de ubicación.

La principal zona productora, Cuernavaca cercana a la Ciudad de México, a Atlixco, Puebla y a Michoacán, y en el siglo XVIII, a las minas del norte y hasta Zacatecas.

Durante la colonia, la mayoría de los ingenios de lo que hoy es el estado de Morelos estaban vinculados en diversos grados, como parte del Marquesado.

Es probable que el parcial rehabilitamiento de la industria azucarera en España a fines del siglo XVI, haya hecho antieconómico el ingenio de Tuxtla, Veracruz, también por la disminución de la población indígena de la región y los malos caminos, subieron los costos del transporte hasta Veracruz que, comparados con los de La Habana, se cuadruplicaban. El ingenio de San Andrés Tuxtla funcionó poco más de cincuenta años, esto es, hasta 1583.

Por rumbos de lo que hoy es el estado de Morelos, existían en el año de 1600 nada menos que doce ingenios cuya producción era más que suficiente para el total consumo de la colonia. De paso, debemos recordar que la población indígena aún no se acostumbraba al consumo del dulce en grandes proporciones, como ocurrió posteriormente.

En trescientos años, esto es, para 1900, el número de ingenios sumaba treinta.

Con la Revolución de 1910 la mayoría dejó de trabajar hasta que ya la Revolución hecha gobierno construyó uno muy grande y bien dotado, cercano al pueblo de Zacatepec, que lleva el mismo nombre.

Existen datos curiosos en torno del azúcar de Morelos. A mediados del siglo pasado, allá por 1850-1853, cuando la "fiebre" de oro en California congregó a miles de gambusinos. El azúcar mexicana subió de precio debido a la demanda de los buscadores de oro. De los ingenios de Morelos, en recuas de mulas, se le conducía a Acapulco y de allí a los barcos cuyo destino era la Alta California para surtir las tazas de café y golosinas de los mineros.

Durante la Invasión Norteamericana de 1847, los campesinos de Morelos, en su mayoría indígenas y peones de diferentes ramos, se posesionaron de los ingenios de la comarca. Las tropas invasoras fueron a desalojarlos porque también necesitaban del azúcar y, naturalmente, querían ganarse las simpatías de la industria.

El mercado negro de esclavos que iniciaron los ingleses en el Africa Ecuatorial tuvo como destino primario las Antillas, donde, como se sabe, se inicia en América el cultivo de la caña. Más tarde estos negros esclavos son traídos por ciertas conveniencias a México al mismo tipo de trabajo. Esto es, siembras de azúcar y labores en los ingenios.

La razón por la cual se importó un pequeño número de esclavos para la industria azucarera fue que existían leyes que prohibían el trabajo de los indios en este tipo de industrias y menos su esclavitud. Se trató de cubrir así la esclavitud de los nativos, aunque no se logró. Los indios, que en su mayoría cubrían esas labores, tenían de hecho la misma condición que los negros: esclavos.

Para dar un ejemplo, digamos que el ingenio de San Antonio Atlacomulco requería para mano de obra de dos a tres mil personas en cada zafra y, en doscientos veinte años, los libros de registros de la hacienda sólo cuentan un total de doscientos esclavos negros.

De los ingenios fundados por Cortés en el actual Estado de Morelos (Axomulco, Tlaltenango y Atlacomulco), se exportaron sus productos al Perú y otras partes de Centro América. Con ese fin se establecieron en Acapulco "Astilleros", cuya labor escencial era construir barcos para el transporte de azúcar y mieles. Estos astilleros llegaron a ser muy importantes en el Nuevo Mundo. Sin embargo, el negocio de la exportación de azúcar al Perú sólo duró diez años, de 1540 a 1550. Esto es, sólo tres años después del fallecimiento de Cortés. Como causa fundamental del derrumbe de la exportación puede señalarse que, al ser construidos otros ingenios en las Antillas y el Brasil, se abarató el producto con respecto a los precios de la Nueva España. Hubo dos razones, la mano de obra por ellos empleada era mínima por ser realizada en su totalidad por esclavos negros, así como por ser las distancias de embarque más cercanas a España.

Cabe decir que la riqueza y la producción del marquesado no se limitaba al cultivo de la caña e ingenios productores de azúcar. Dentro de sus terrenos tuvo éxito la cría de ganado de todo tipo; los cultivos frutales y agrícolas cuyas cosechas fueron de enorme importancia no sólo en la Nueva España, sino para otros mercados de exportación.

El marquesado resultaba gran productor de caballos y mulas que eran codiciados para el comercio y transporte de la época. La principal fuente de producción de estos semovientes estuvo en el poblado de Jalapa, en Oaxaca y una más en Masatepec, por Cuernavaca. El comercio de reses y de cueros fue igualmente provechoso, exportándose al Perú, principalmente.

Por aquella época también se inició en el marquesado el cultivo de la morena y la cría de gusanos de seda. Esta industria duró poco tiempo, decayendo a la muerte del conquistador.

Del marquesado arranca la explotación minera de México, si bien es cierto que los metales oro y plata, principalmente, sólo pudieron ser explotados en pequeñas proporciones, también lo es que se debe su inicio a don Hernando. Córtes sabía que por rumbos de Tehuantepec, Oaxaca, algunos grupos indígenas pagaban sus tributos en oro antes de su llegada. Localizó los yacimientos y abrió minas. La explotación del oro no tuvo grandes alcances, pero se inició. Encontró mayor suerte el gambusino marqués en sus exploraciones mineras de plata por rumbos de Taxco, hoy estado de Guerrero.

Como el riego, lo mismo entonces que ahora, es fundamental para el éxito de cualquier cultivo agrícola y actividad humana, Cortés tuvo especial cuidado de llevar el agua a toda la vasta zona donde emprendió sus múltiples labores. Con este propósito fueron construidos los primeros acueductos en lo que hoy es el estado de Morelos, usándose en el sistema de riego un estilo llamado árabe. En qué consiste este sistema es lo de menos, lo único importante es que el agua era llevada a donde hacía falta y que los acueductos funcionaron hasta tres siglos después. Actualmente su trazo ha sido aprovechado para realizar instalaciones modernas con el mismo propósito: Obtener agua.

En febrero de 1841, llega a San Antonio Atlacomulco la marquesa Calderón de la Barca. No podía faltar la indispensable cronista de la época a un lugar como éste, donde toda la belleza del paisaje bucólico y las comodidades del buen vivir se entrelazaban.

La visitante se maravilló del sitio: "Una escolta del gobierno compuesta de cuatro hombres y un cabo, la que tuvo cuatro relevos, nos acompañó hasta Cuernavaca, que está a unas dieciocho leguas de México y que es la entrada a tierra caliente. Han ocurrido por aquellos rumbos seis asaltos en los últimos quince días. En todo el camino no se encuentra una posada digna de este nombre.

Va rodeando la montaña en agria subida a través de rocas volcánicas y pasa por el Ajusco, poblado pobrísimo y nido de ladrones. El camino sigue faldeando a través de rocas y bosques hasta llegar a la "Cruz del Marqués", "mojón" que puso Cortés en los límites de sus estados, mejor dicho, de lo que le hizo merced el emperador indio. Llegamos al pequeño pueblito de Huitchilac que no deja de ser atractivo con sus chozas hechas de caña. Cuando por fin entramos a Cuernavaca, recorriendo sus calles con un ruido ensordecedor y nos paramos frente a una posada. Cuernavaca... Sin embargo es un lugar sin importancia con ser tan favorecido por la naturaleza y el palacio del conquistador es ahora el cuartel medio dormido sobre una colina.

Hay en la ciudad algunas buenas casas y las ruinas de alguna iglesia construida por Cortés".

"Nos sentíamos demasiado cansados para seguir curioseando y esperamos con ansiedad la llegada de los caballos y gente de la fábrica de azúcar de don Anselmo Zurutuza, de Atlacomulco, en donde debíamos pasar la noche. Anochecía cuando llegaron. Acababa de ponerse el sol y la tarde era templada y agradable. Después de muchas cosas y más espuelazos y ladridos de perros, nos fuímos por lomas y barrancas a través de paisajes hermosos y extraños según podíamos distinguirlos a la luz que agonizaba; subiendo cerros y atravesando arroyos por espacio de dos leguas, hasta que por fin las llamas de fuego que salían por las chimeneas de las calderas de Atlacomulco nos adviertieron que estábamos cerca. Entramos al patio, a galope, entre perros, indios y negros. Divididos entre el sueño y el hambre, el hambre se llevó la victoria y una humeante y copiosa cena fue aceptada con nuestra más distinguida consideración".

"Esta mañana, trás un sueño reparador, levantados y vestidos a las ocho, muy tarde para tierra caliente, salimos a ver las huerta de café y a pasear por los naranjales: ¡Qué maravilla más grande! Cubríanse los naranjos de dorados frutos y fragantes azahares, y en los andenes los limoneros doblaban, formando una bóveda que apenas pueden atravesar los rayos del sol; nos echamos sobre la blanda hierba y comparamos este día con el anterior. El jardinero o plantador de café. y ¡Qué jardinero! de nombre Juan, con sus grandes barbas negras, sombrero mexicano y faja militar de seda carmesí, se acercó a ofrecernos agua de naranja. Nos pareció como si Atlacomulco esta mañana fuera el paraíso terrenal".

"La hacienda perteneció al duque de Monteleone y su apoderado don Lucas Alamán la dió en arrendamiento al señor Zurutuza. Don Pedro de Atienza plantó las primeras cañas de azúcar en 1520. Gonzalo de Velosa fabricó los primeros cilindros y los primeros molinos construidos por los españoles en aquel tiempo. No se movían con caballos, sino con ruedas hidráulicas. Había pocos negros en esas plantaciones de azúcar. Sólo vimos a un viejo negro que se dice tiene más de cien años. El patio es una enorme plaza, junto a la cual se levanta la casa donde se hierve el azúcar cuyas hornazas arden día y noche; la casa con la maquinaria para extraer el jugo de la caña, los cuartos para la refinación, los lugares donde se seca, todo de grandes proporciones".

"Si la hacienda como sucede en esta caso, es asimismo una plantación de café, veis entonces un gran molino para separar el grano de la cáscara y también hay veces grandes edificios en donde hacen aguardiente. En esta hacienda trabajan cuatrocientos hombres, cien caballos y algunas mulas. Este cafetal tiene más de cincuenta mil plantas".

"Ansiosos como estábamos de visitar las grutas de Cacahuamilpa, próxima a la ciudad de Cuautla, decidimos aunque con pena dejar nuestro cuartel general de Atlacomulco mañana por la mañana; no obstante que aún daban las once y una vez transpuestas las montañas desembocamos a un camino carretera muy polvosa que nos llevó a la Hacienda de Miacatlán, perteneciente a la familia Pérez Palacio. Esta hacienda es muy productiva y en sus terrenos existe una mina de plata. Abandonamos esta hospitalaria mansión cerca de las cuatro, descansados y con nuevos bríos, más cuando llegamos al hermoso pueblo de San Francisco Tetecala empezaba a estar la tarde más fresca".

Así termina su relato la Marquesa Calderón de la Barca en su ruta a Cuernavaca y Puebla, visitando las más importantes haciendas.

La arqueóloga inglesa Mrs. M. Ashburnham, en ruta hacia las grutas de Cacahuamilpa donde permaneció explorando un par de días, estuvo generosamente atendida en la Hacienda de Atlacomulco por sus ocasionales anfitriones.

Posteriormente la propia señora sobre la carencia de hospederías en toda aquella región. Fue ella la primera mujer, investigadora científica, que exploró las grutas.

En un artículo aparecido en el periódico "La Orquesta" se informa que uno de sus frecuentes viajes a Cuernavaca, Maximiliano de Habsburgo y Carlota recorrieron los ingenios azucareros de Temixco, Cocoyoc y Atlacomulco, con el propósito de darse cuenta de su funcionamiento y con el deseo de incrementar la producción del azúcar en aquella región. Informa que en Atlacomulco le fue ofrecido un comelitón al que aistieron los miembros de su comitiva y los más conocidos vecinos de la ciudad. En esa época era mayordomo de Atlacomulco, el señor Aguirre y apoderado, el hijo de Lucas Alamán.

Con anterioridad a la Independencia de México, formaban parte del estado del marquesado varias haciendas de las que aún queda parte de ellas, o sus vestigios.

Estas haciendas, suntuosas y confortables para ser habitadas por sus propietarios o administradores, fueron en su mayoría ingenios y fábricas de alcohol.

Todas ellas fueron tributarias del marquesado, pagando los impuestos correspondientes y observando el orden legal y disposiciones que regían para su administración.

Las más notables de ellas, por sus dimensiones e importancia como centros de producción, fueron: Miacatlán, Cocoyoc, Casasano, Temixco, San José Vista Hermosa, Tenango, San Gabriel, San Gaspar, Amanalco, Cocoyotla, Actopan, La Luz, Santa Cruz Vista Alegre, Buena Vista, Santa Clara, Colón, San Nicolás, Cocosingo, Acatlán, La Huerta, Tlahulpan, Rancho de Guemac, Rancho Mazatepec, Jalmolonga y por supuesto e inicialmente Axomulco, Tlaltenango y Atlacomulco.

HACIENDA VISTA HERMOSA

La Hacienda de San José Vista Hermosa data del siglo XVII y es por tanto una de las más antiguas. Situada muy cerca del lago de Tequesquitengo. Figuran entre sus numerosos propietarios la familia Mosso y después la familia Vidal, originalmente la estancia de San Vicente de Chisco, que dependía del ingenio de Temixco cuyo propietario la arrendó a distintas familias. Inicialmente se construyó ahí un trapiche que poco después habría de convertirse en importante ingenio.

De su pétrea construcción aún se conservan en buen estado, debidamente reparados, sus principales muros y la arquería. San José produjo azúcar y alcohol de muy buena calidad hasta la época en que se inició la Revolución.

Se ha dicho sin fundamento que en su fundación intervino el conquistador y aun siendo falso, el inmueble resulta hermoso y señorial, actual propiedad de don Fernando Martínez, quien estableció ahí un hermoso hotel que convierte el sitio en centro turístico de mucha importancia, debido entre otros motivos a su cercanía con el lago y que a unos cuantos kilómetros de su entrada existe una pista de aterrizaje para aviones ligeros.

La Hacienda de Vista Hermosa, como casi todas las de Morelos, fueron invadidas y en muchos casos incendiadas y destruidas por las fuerzas zapatistas durante el período revolucionario.

Permítanse decir que a este lugar lo vemos con especial simpatía y cariño porque, siendo adolescentes, por ligas amistosas entre la familia Aguilar y Martínez, solíamos concurrir los fines de semana y nos tocó presenciar una serie de mejoras y ampliaciones que se hicieron en la década de los cincuentas.

Siempre recordaremos con el mayor afecto a nuestro amigo, el arquitecto, Fernando Martínez, hijo.

HACIENDA DE CASASANO

Cercana a Cuautla, dentro de la jurisdicción del marquesado, se levantó la hacienda de San Pedro Mártir Casasano. Como casi todas, comenzó por ser el asiento de un trapiche para convertirse después en señorial mansión e ingenio. Se debe su nombre a quien la construyó, el contador real don Gordian de Casasano, que se instaló allí en 1599.

La Hacienda Casasano fue una construcción impresionante en la jurisdicción de Cuautla, en 1840 visitó la hacienda, la Marquesa Calderón de la Barca, invitada por don Juan de Gorîbar, que era el propietario.

Los descendientes de Goríbar, la tuvieron en propiedad hasta principios del siglo actual. Como casi todas las haciendas de Morelos, su nombre está ligado a la historia de México. Se sabe de ésta, que allí se instaló el brigadier realista Ciríaco de Llano, (Febrero 1812) con sus tropas que tomaron parte en el sitio de Cuautla, defendida por el gran Morelos. El lugar resultaba por sus amplios recursos, sitio ideal para que el jefe realista acampara y se pertrechara en los días del ataque a la histórica ciudad. En la Batalla de Puruarán derrotó a los insurgentes, haciendo prisionero a Mariano Matamoros a quien fusiló poco después.

Durante los días de la Revolución, fuerzas zapatistas al mando de Genovevo de la O, saquearon e incendiaron Casasano, victimando a muchos de sus moradores, pero la iglesia quedó de pie y los daños que sufrió fueron mínimos.

La iglesia, de suntuosos trazos de inspiración ultra barroca a la usanza de la época en que fue construida, se levantó a un costado de la casa mayor; tiene una torre de dos cuerpos y su construcción comprendía una sola nave. La construcción de esta iglesia data del siglo XVII.

HACIENDA DE COCOYOC

Por el mismo rumbo de Cuautla existió la Hacienda de Cocoyoc a sólo cinco kilómetros de Oaxtepec, paraje donde solía ocurrir el emperador Moctezuma para disfrutar de sus aguas termales.

Su origen parece ser del año de 1610, cuando Francisco Segura obtuvo licencia para convertir el trapiche que poseía en ingenio mediante el pago arancelario de veinte pesos anuales, contribución que recibía el Marquesado del Valle de Oaxaca, por encontrarse esa propiedad dentro de sus dominios. Más de cien años después, el que por esa época fue su propietario, don Antonio de Velasco, introdujo para modernizar las labores del ingenio, la rueda hidraúlica. A principios del siglo pasado, ingenio y hacienda fueron adquiridos por don Antonio de la Torre. En 1827 estuvo Mr. Ward, de quien ya hemos escrito en páginas anteriores. Posteriormente la hacienda fue adquirida por don Juan de Goríbar, y sus descendientes conservaron la propiedad hasta principios de este siglo. Las huestes zapatistas, año más tarde, dejaron sólo ruinas y piedras solitarias como retablo maltrecho de lo que fue Cocoyoc.

Dejemos al escritor Justino Fernández, decir algo del ilustre pasado de Cocoyoc:

"Causan admiración las ruinas del acueducto y los enormes recintos abovedados que albergaban trapiches y calderas, dignos de compararse con algunas de las termas de la vieja Roma, por ejemplo, las de Caracalla.

En la actualidad, la Hacienda de Cocoyoc fue parcialmente reconstruida para instalar un hotel moderno, pero señorial. A su entrada puede leerse una inscripción que informa que esa hacienda perteneció a doña Isabel Cortés de Moctezuma; que data del 1560 y que el trapiche es de 1613, por cédula real otorgada al Conde de Monterrey; que formó parte de los bienes sucesorios de la hija del Emperador Moctezuma y, finalmente, que la Marquesa Calderón de la Barca, disfrutó la hacienda de 1833 (La Marquesa, todavía no llegaba a México en 1833).

Lo anterior resulta dudosa en su esencia; porque, si bien es cierto que la Marquesa Calderón de la Barca visitó el sitio como lo hemos comentado en páginas anteriores, no fue en el año de 1833, sino en 1841. Por otra parte, el Conde de Monterrey, don Gaspar Zúñiga y Acevedo, fue Virrey de la Nueva España de 1595 a 1603. El conde pasó al Perú con el mismo cargo hasta 1606, en que murió.

Es cierto que don Hernando mantuvo concubinato con tres hijas del vencido soberano azteca; también lo es, según la historia, que con ninguna de ellas puede afirmarse que tuviera descendencia. Se trata de doña Ana, que se la dió Moctezuma a Cortés al llegar; vivió con el conquistador y murió en la retirada de la Noche Triste; doña Leonor, de la que, al igual que su hermana Isabel, según se dice, las hizo madres. Todo es dudoso.

Sólamente se trata de recordar que el conquistador fue amante de tres hijas del Emperador.

Una de ellas fue bautizada a petición de Cortés, como doña Isabel Moctezuma, llamada también Tecuichpo, o sea "hija de rey" y su primitivo nombre fue Ichcaxóchitl, "flor de algodón".

Al salir los españoles de la ciudad de la "Noche Triste", la joven quedó separada de ellos y fue recobrada por los aztecas. Casó después con Cuitláhuac y posteriormente la tomó como esposa Cuauhtémoc. Ya tenía historia la princesa...

Consumada la conquista, volvió al lado de Cortés. La casó con Alonso Grado; enviudó y volvió a casarse con Pedro Gallego de Andrada. Tuvo una hija que se llamó Leonor Moctezuma (es la que se dice fue hija de Cortés), que casó más tarde con Juan de Tolosa. Doña Isabel (a veces se le agregaba el apellido de Cortés, por haberla bautizado don Hernando), murió en 1550; algunos historiadores dicen que en México, otros que en España. Del matrimonio de doña Isabel Moctezuma con Gallego, nació un hijo, Juan Andrada Moctezuma. Viuda nuevamente doña Isabel, casó con Juan Cano de Saavedra, de quien tuvo cinco hijos. Su descendencia alega prosapia de Moctezuma y con razón, porque con Gonzalo Cano de Saavedra y Moctezuma surge el Mayorazgo, fundado por su padre el 24 de Marzo de 1571. Posteriormente descienden de la misma rama Juan Toledo de Moctezuma, don Bernardino de Carvajar y Vivero, Conde la Enjarada, y los duques de Abrantes que lo son también de Linares.

La afirmación de que la descendencia de doña Isabel Moctezuma también lo era de Cortés, partió de don Lucas Alamán, probablemente basada en el apellido Cortés que usó doña Isabel. Lo único cierto es que la señora batió records de bodas...

El hotel Hacienda de Cocoyoc, pudo realizarse, gracias al empeño y esfuerzos realizados por su propietario, Paulino Rivera Torres, hombre de gran sensibilidad e iniciativa, que ha dedicado lo mejor de su vida para reconstruir esas piedras centenarias, reviviendo un pasado que nos habla de la inicial grandeza mexicana, de la que surgió el México actual que amamos con orgullo.

Su obra está a la vista. Difícilmente puede ser superada. Eso es lo que importa.

Para concluir esta parte habrá que volver a doña Isabel, una de las tres hijas de Moctezuma que, como se ha visto, fueron amantes del conquistador. La historia narra que, cuando el último emperador de los aztecas, Cuauhtémoc, fue capturado a bordo de su barca en el Lago de Texcoco para ser llevado ante la presencia de Cortés, iba en compañía de algunos nobles, guerreros y de su esposa, Tecuichpo. Hasta allí llegan la mayoría de los historiadores.

Pero la historia no estaría completa, aunque resulte adversa a Cuauhtémoc (sentimentalmente adversa), si no se agrega que su esposa, la princesa casi niña, hija de Moctezuma, ya había sido, junto con sus otras dos hermanas, amante de Cortés y posteriormente esposa de Cuitláhuac, penúltimo y fugaz emperador de los aztecas que murió víctima del contagio de viruela. Muy bella debió haber sido Tecuichpo o doña Isabel, porque después de la muerte de Cuauhtémoc, ya viuda por dos veces siguió como se ha visto, enviudando, volviendo a casarse y procreando más de media docena de hijos.

HACIENDA DE MIACATLAN

De larga historia resulta la Hacienda de San Salvador Miacatlán, ubicada en el perímetro del pueblo de ese nombre, a unos cuantos kilómetros de las famosas Grutas de Cacahuamilpa.

Su fundación data del año de 1621, por concesión que el entonces Marqués del Valle de Oaxaca, Pedro Cortés, nieto del conquistador, hizo a Francisco de la Fuente, connotado vecino de Cuernavaca. Don Pedro, último descendiente varón por línea directa del conquistador, residía en Coyoacán, en la casa construida por su abuelo un siglo antes, por una escritura que se firmó en la hacienda del Conde de Santiago Calimaya, don Fernando Altamirano y Velazco, en Tacubaya y mediante un "censo perpetuo", se le concedió "merced" de dos sitios para ganado menor que comprendían un lugar situado en la loma de Tlaximalco y otro en el pueblo de Miacatlán.

La condición impuesta por don Pedro para que el agraciado pudierá disfrutar de esas tierras eran dos: Pagar una renta de cuarenta reales y permitir en todo tiempo el paso de las recuas de mulas procedentes de Tehuantepec y otros lugares del Marquesado de Oaxaca. Pasado algún tiempo, don Francisco cedió su concesión (1626) al Alférez Hernando de la Vera Zapata, vecino de Cuernavaca, a quien sucedieron unos nueve propietarios, hasta llegar al año de 1750, en que por disposición del Duque de Terranova y Monteleone, a la sazón heredero del título de Marqués del Valle, la propiedad es concedida al capitán Antonio Pérez de Palacio, quien al mismo tiempo recibió el nombramiento de Alcalde Mayor de la Villa de Cuernavaca; sus descendientes conservaron la posesión de la hacienda que se prolonga más de una centuria.

Además de ser una hacienda azucarera y ganadera, existían minas de plata dentro de sus límites.

A mediados del siglo pasado la hacienda y el ingenio de Miacatlán, pasaron a ser propiedad de la Compañía "Barrón-Forbes". Guillermo Barrón, comerciante español, transportaba de España a México azogue y papel; su hijo, Eustaquio Barrón, fue nombrado cónsul de Inglaterra y se asoció en varias empresas con el cónsul norteamericano, Forbes. En 1857 se les acusó de contrabandistas de plata. En 1901, Barrón y Forbes tenían un banco en la Ciudad de México, ubicado en el antiguo edificio "Guardiola", en la actual calle de Madero.

Hasta 1900 el ingenio funcionó normalmente, equipado con moderna maquinaria inglesa y al estallar la Revolución corrió con la misma suerte de todas las haciendas de Morelos. El movimiento armado revolucionario que tuvo como finalidad establecer un nuevo régimen y sistema social se vió en la disyuntiva de acabar con los vestigios del régimen contra el cual luchó y del que las haciendas mexicanas fueron uno de sus mejores exponentes.

La señorialidad y belleza de esta hacienda fue captada en el siglo pasado por el famoso pintor toluqueño Luis Coto, quien captó en forma maestra, en visión panorámica, toda su construcción.

Pero la vieja hacienda estaba destinada a subsistir en alguna forma. En la actualidad, y el caso es asombroso, sus puertas se mantienen abiertas y sus muros, poco a poco restaurados, dan albergue a jovenes y niños instalados allí en una especie de asilo y plantel agrícola. Un sacerdote de nacionalidad norteamericana, Guillermo Wasson, concibió y realizó la idea de instalarlos allí, en su mayoría huérfanos, para instruirlos, impartiéndoles una enseñanza elemental y al mismo tiempo crearles una fuente de trabajo en labores en el campo.

El sacerdote Wasson puso manos en la obra y lo que en un principio debió parecer casi imposible, fue logrado. Estudian y trabajan varios cientos de jóvenes cuyas edades varían entre los siete y veintiún años.

Se cultivaron diversos productos, entre ellos el maíz, caña y frutales, contando con una pequeña maquinaria que cada día se va aumentando con los conjuntos esfuerzos del fundador y sus muchachos. Se trabajan alrededor de sesenta hectáreas.

HACIENDA DE ACTOPAN

Cerca de la hacienda de Miacatlán existía otra más pequeña, la de Actopan, cuyo casco fue adquirido, hace más de treinta años, por el licenciado Jesús Castillo López (ex gobernador de Morelos) quien pensó establecer allí una pequeña industria que funcionó por algún tiempo y quebró por problemas sindicales. Su propietario desmanteló la pequeña industria y entregó el inmueble a los trabajadores que no supieron qué hacer con ella hasta que llegó el reverendo Wasson y lo adquirió para complementar las actividades de Miacatlán. Instaló una casa de cuna para alojar a recién nacidos carentes de padres y posibilidades económicas para su manutención. La obra realizada por él, que a base de trabajo y donaciones logró establecer, es meritoria.

HACIENDA DE COCOYOTLA

Dentro de esta zona, a unos diez kilómetros de Actopan, se encuentra la Hacienda de Cocoyotla, como todos ellas, exfábrica de azúcar. Hasta el siglo pasado fue este sitio la obligada puerta de entrada a las Grutas de Cacahuamilpa, ya que quienes se aventuraban a explorar aquellas impresionantes cuevas generalmente tomaban un descanso allí al amparo de la hospitalidad de sus propietarios.

El origen de Cocoyotla es tan antiguo como sus vecinas, data de 1620 y fue también concedida a sus primeros propietarios por el Marqués, don Pedro Cortés. Esta hacienda tiene gran importancia debido a que de su producción se surtía de azúcar la mayor parte de la población de Puebla y lo que hoy es el Estado de México. En Cocoyotla también hubo erupción en cuanto se refiere a sus labores, pero fue posiblemente la única que se mantuvo trabajando como ingenio durante el período revolucionario y subsistió así hasta los años cuarentas, que cayó bajo el poder sindical. Actualmente está semi destruida, pero algo podría y debería hacerse para restaurarla e instalar allí cualquier fuente de trabajo.

HACIENDA DE TEMIXCO Y SAN GASPAR

A unos diez y seis kilómetros del pueblo de Temixco, está la hacienda del mismo nombre. Su construcción data de 1617 y nace de la "merced" otorgada por don Pedro Cortés, Marqués del Valle de Oaxaca, a Francisco Barbero en Copaltepeque, jurisdicción de Acatlehuayaca.

Con el tiempo la hacienda fue creciendo mediante concesiones hasta llegar a ser, con un ingenio, una de las más importantes y prósperas de su época.

Entre las tierras que se sumaron a esta hacienda debe mencionarse una "Caballería" (medida agraria para repartir tierras a los caballeros que habían contribuido a la conquista), que en 1611 había obtenido el Capitán Gaspar Yáñez Osorio, mediante el acostumbrado sistema de "mercedes". Aquí se estableció un trapiche que poco a poco fue aumentando su volumen hasta llegar a convertirse en el próspero ingenio de San Gaspar; las instalaciones de esta fábrica sufrieron, como las otras, el golpe obligado de la Revolución hasta quedar semi-destruida.

Muchos años después, San Gaspar, más bien sus ruinas, fueron adquiridas por el empresario sueco Gunther Beckman, quien se dedicó a restaurarla con gran dedicación y cuidando respetar sus trazos iniciales. Actualmente la vieja finca es propiedad de un consorcio que integra, entre otros, Mauricio Urdaneta.

Se levantará en San Gaspar un centro turístico, con hotel, campo de golf y todas esas cosas que atraen a los vacacionistas. Como dato importante debe consignarse que la hacienda de Temixco fue adquirida, en 1780, por un personaje que se hizo célebre por haber participado en la caída, prisión y destierro, del Virrey don José Iturrigaray, (1742-1815): Gabriel Joaquín de Yermo.

Iturrigaray gobernó de 1803 a 1808; tomó parte en la campaña de Portugal y en la de Gibraltar. Caballero de la Orden de Santiago, llegó a Mariscal de campo en 1793. En 1801 fue jefe del ejército de Andalucía en la guerra de Portugal, en la que el ladino Godoy era el comandante en jefe. En 1803 vino a México, como Virrey, donde se ganó popularidad con su afición a los toros. Otorgó ayuda a Guanajuato, cuyas minas visitó, entregándoles mayor cantidad de azogue y autorizó corridas de toros en Celaya para costear la construcción del puente sobre el Laja.

Inauguró la estatua de bronce de Carlos IV. Se inclinó a apoyar los intentos de los criollos para establecer un gobernador nacional en la crisis de 1808. Depuesto, a causa de esto por los peninsulares, fue enviado a España.

En 1808, el partido europeo escogió a Yermo para que dirigiera el movimiento que derribaría al Virrey Iturrigaray, apoyado por los criollos del Ayuntamiento de México, entre otros Azcárate y Verdad.

Se dijo que Yermo encabezó la insurrección por estar agraviado por el Virrey, por las decisiones que dictó en materia de carnes, y por los altos gravámenes contra el aguardiente de caña. Sin resistencia, condujeron al Virrey a la Inquisición. A la Virreyna y a sus hijos, al Convento de San Bernardo.

Escuchemos lo que dice don Lucas Alamán:

"Don Gabriel Joaquín de Yermo, nació en Sodupe, en las inmediaciones de Bilbao, en 1757. Casó en México con doña María Josefa Yermo, su prima hermana, que había heredado de su padre, don Juan Antonio, antiguo vecino y acaudalado de México, las ricas haciendas de caña de Temixco y San Gabriel, en el Valle de Cuernavaca, censuatarias del marquesado del Valle de Oaxaca. Cuando nació su hijo mayor que se llamó José María, en 1790, puso en libertad a cuatrocientos esclavos negros y mulatos. Y en 1797 compró la hacienda de Jalmolonga, que era de las temporalidades de los Jesuítas; hizo lo mismo con doscientos que allí había.

HACIENDAS DE SAN GABRIEL

Gabriel de Yermo fue también propietario de la Hacienda de San Gabriel, otro hermoso retablo del siglo XVII, que funcionó como trapiche y casa residencial.

Destruida, como es de rigor, fue posteriormente restaurada y adquirida por el cordial amigo, Jorge Fenton, no con propósitos de lucro, sino exclusivamente para disfrutar ese bello paraje como finca campestre para su uso particular.

Cabe agregar que su actual propietario procuró conservar sus moldes originales, no solo en lo que se refiere a muros y patios, sino dotándola con mobiliario de la época. Se sabe que próximo a esta hacienda se levantará un centro turístico.

En la actualidad, la Hacienda de Temixco se ha convertido en centro turístico muy concurrido. Es un gran balneario popular donde concurren numerosos visitantes de la ciudad de México, y es fácil reconocer que se trata de una instalación donde se ha conservado lo antiguo sin descuidar lo moderno para hacerlo funcional.

El sitio es limpio y amplio. La Secretaría de Turismo instaló allí, por iniciativa de su titular, el arquitecto Guillermo Rosell de la Lama, una escuela de capacitación turística que ha venido trabajando con éxito en la formación de personal para esa actividad. Los propietarios del balneario son los hermanos Alvarez; a ellos se debe el buen cuidado y conservación de la finca.

HACIENDA DE TENANGO

Otra hacienda de cierta importancia, por el mismo rumbo, en Jonatepec, y por lo tanto en el área del marquesado, fue la de Santa Ana Tenango, de vasta extensión. Se origina, como casi todas, en una "merced" que fue dada en el año de 1589 a don Luis de Rebolledo por el Virrey, Marqués de Villamanrique. Más tarde, obtuvo el Virrey, Marqués de Guadalcázar, otras dos "mercedes". En 1650 era su propietario don Pedro Sáenz de Rosas y en 1718, en remate público, en "Puebla de los Angeles", la adquirió el capitán don Juan de Paredes; en 1750 la compró don Juan Francisco de Urtaza, que era propietario de la Hacienda de Santa Clara de Montefalco.

Esta finca funciona principalmente como ingenio, sin dejar de tener los cultivos característicos de la región. Entre sus diferentes propietarios figuraron doña Magdalena Lalvide Goytia, sobrina que fue de don Fernando de Masitu, y cuñada de Mateo de Musita, Comandante del Ejército Realista, quien se ufanaba de poseer un cañón al que bautizó como "El mata Morelos". Respiraba por la herida.

Don Mateo no logró ver realizados sus sueños de exterminar al insurgente, a pesar de su cañón. Por lo contrario, fue Morelos quien lo capturó y fusiló. Se llevó el cañón que rebautizaron como el "mata borregos". Cosas del ingenio popular.

Por los datos que existen en el Archivo de la Nación, fue esta Hacienda Azucarera la que tuvo mayor número de esclavos negros a su servicio.

Entre sus últimos propietarios estuvo don Joaquín García Icazbalceta (1825-1894), literato e historiador nacionalmente admirado y respetado. Su tarea fue la de impulsar en todos aspectos la cultura mexicana. Escribió biografías de personajes notables en la Historia de México. Su labor social en sus haciendas del estado de Morelos debe ser estudiada porque se anticipó, en muchos aspectos, a la Revolución de 1910. Su religiosidad profunda lo hizo ayudar a los pobres. Fue fundador de la Academia de la Lengua en México.

ografía donde puede apreciarse el Templo de la Tercer
den a la izquierda la residencia de los Marqueses de
nta Fe de Guardiola y al fondo cerrando la plaza, el Pa-
:io de Los Azulejos. Con excepción de este último los
más han desaparecido. En este sitio se encuentra ac-
almente la Torre Latino Americana.

Colegio Nacional de Minería, 1779. Según una litografía
e mediados del siglo pasado donde puede además ob-
ervarse el Hospital de San Andrés y al fondo el Hospital
e Terceros y aún se dibuja algo de la alameda. Obra de
olsá.

Plaza de la Ciudad de Córdoba, Veracruz, donde se firmaron los "Tratados de Córdoba" entre el general Antonio López de Santa Anna y el último Virrey don Juan O'Donojú, puede apreciarse el portal Ceballos.

Casco y Capilla de la hacienda de Lucas Martín. Foto de la obra Monumentos Coloniales.

Santa Lucía, en el año de 1965. Campo áereo militar. Obra realizada por el gobierno del Lic. Miguel Alemán.

Le tocó el honor al Lic. Miguel Alemán, inaugurar la base aérea de Santa Lucía en el año de 1951.

Capilla de la hacienda de la Encarnación. Fotografía to-
mada de la obra Monumentos Coloniales.

villero de lo que fué la hacienda de Etchegaray, según
a foto de Monumentos Coloniales. Hasta el año de
30 lo que quedaba del casco de esta Hacienda perte-
ció a la familia del General Gilberto Limón.

Arriba litera en Veracruz de la obra de Thomas Egerton, México 1840. Abajo otra vista de la misma época y del mismo autor.

a hacienda de Panoayan donde vivió Sor Juana Inés de Cruz.

Un interior de la hacienda El Altillo.

Vista del Zócalo de México, siglo XVIII. Grabado italiano de Verico.

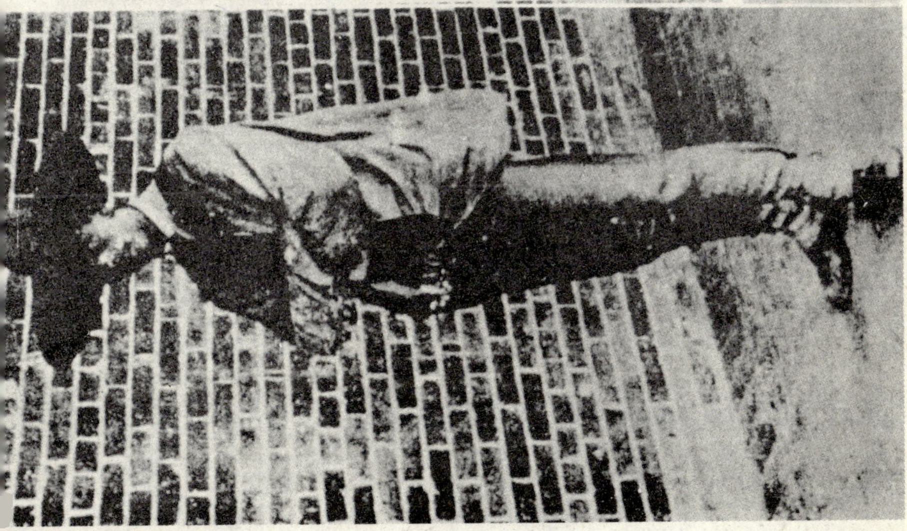

la izquierda el connotado Dr. Gustavo Baz en una foto-
rafía tomada durante la Revolución Mexicana en 1910.
la derecha el Lic. Lucas Alamán, que fúe cuatro veces
linistro de relaciones Exteriores de la República en el
iglo pasado.

El palacio de Iturbide que sirviera de residencia entre otros personajes a la Marquesa de San Mateo de Vaíparaíso. Es una obra del siglo XVIII del Arq. don Antonio Guerrero, actualmente pertenece a un Banco.

Hacienda de Santa Lucía, en el año de 1940, foto de Monumentos Coloniales. Misterio la razón de haber construido una serie de subterráneos conectados por medio de galerías. No se sabe ni cuando fueron construidos ni la razón. Actualmente Santa Lucía es puerto áereo militar (1983).

cienda de la Erre. Foto Monumentos Coloniales.

ı este sitio se levantó la iglesia del Convento de Churu-
ısco. Aquí habitó por algún tiempo Fray Martín de Va-
ıncia y Motolinia. En la fotografía la fachada venerable y
ıa carrosa de lujo muy posterior a los humildes frayles

Hacienda de Xalpa en el año de 1885, según un óleo de Mateo Saldaña. Actual propiedad de los distinguidos Jacobo y Carmen Pérez Barroso.

Hacienda de Chapingo, cerca de la Ciudad de Texcoco, en 1826, entre sus propietarios tuvo al general Manuel González, quien fuera presidente de la República en el año de 1880-1884. Litografía de la obra de Ward.

salto a una diligencia en Río Frío, según una litografía
medlados del siglo pasado.

otografía de la hacienda de San Nicolás Peralta, toma-
a de la obra Monumentos Coloniales.

Hacienda de Santa María Pipioltepec. Fotografía tomada de la obra de Manuel Romero de Terreros, Antiguas Haciendas de México.

Hacienda de Santa Ana Apacueco. Fotografía de don Manuel Cortés tomada de la obra Antiguas Haciendas de México.

rriba el Canal de Chalco, litografía del atlas geográfico
Antonio García y Cubas. Abajo grabado de la serie
tas y su Indumentaria realizados sobre dibujos de
maitre, 1790.

Rancheros, litografía de F. Lebnert, según dibujo de Carlos Nebel; México 1820.

ro aspecto del siglo pasado de la Ciudad de México,
gún un grabado de G.N. Renner.

cienda Santa Catarina, foto de la obra Monumentos
oniales.

General Luis Terrazas,

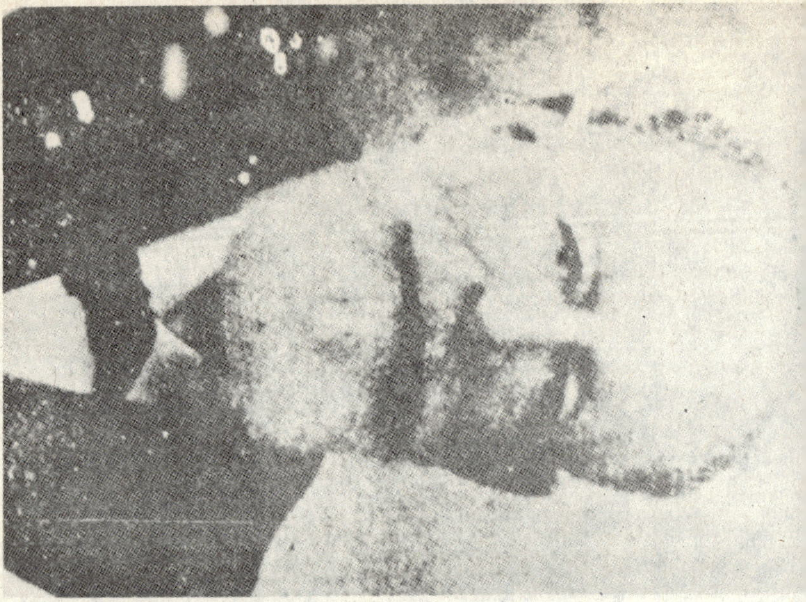

Francisco Fernández del Castillo.

A la izquierda el General Luis Terrazas, célebre defensor de la República y acaudalado terrateniente. A la derecha el célebre escritor Francisco Fernández del Castillo.

Hacienda de Galindo. Difícil nos ha resultado encontrar los auténticos antecedentes de esta Hacienda, entre los aspectos probablemente más auténticos es que fué de las mercedes que otorgó el virrey don Martín Enriquez, Marqués de Falces (1568) y que figuró entre sus propietarios José Raymundo de Quintanar, y al Conde don Francisco Galindo Quiñones y Barrientos (1759) oidor decano de la Real Audiencia de Guadalajara. Sus reconstructores fueron Piero Ricci y Xavier Barbosa (1979).

Hacienda de Buenavista, fotografía de la obra Monumentos Coloniales.

Uno de los interiores de la ex-hacienda de Galindo y que actualmente es explotada como hotel por la conocida cadena Hyatt Internacional. Existen murales pintados por el conocido pintor inglés John Beadle quien también las ha realizado en Villa Real de Tetelpan en el Desierto de los Leones de la Ciudad de México.

ıcienda de Canutillo que perteneciera al general revo-
:ionario Francisco Villa, después de haberse retirado a
vida civil. La foto fué tomada en el año de 1920 por el
tógrafo Gustavo Casasola.

general Francisco Villa, el famoso Centauro del Norte,
emostrando a uno de sus "dorados" como se maneja el
ado en la hacienda de Canutillo.

Estación del ferrocarril mexicano, estación de Puebla inaugurada por el Presidente Benito Juárez.

Litografía de 1881 del edificio ferroviario del ferrocarril mexicano en la ciudad de México. Actualmente por aquí se encuentra el monumento a la madre.

ferrocarril mexicano que fué inaugurado en 1873. La
tografía muestra los patios.

palacio de Buenavista construido por el arquitecto
anuel Tolsá, donde se encuentra actualmente el Mu-
o de Pintura de San Carlos. La fotografía corresponde
principios del siglo.

CAPITULO QUINTO

LA RESTAURACION DE LA EX-HACIENDA DE CORTES

La restauración de la vieja Hacienda de Cortés fué el producto de una idea que de tiempo atrás tenía en mente el médico, Mario González Ulloa: encontrar sitio apropiado para establecer el "Instituto de Investigaciones sobre el Hombre".

El plantel podía ubicarse, debido a sus propósitos, en terreno urbano; se requería espacio adecuado, tranquilidad y amplitud. Pero no podía pensarse en un paraje alejado de los centros de población que no tuviera la comunicación apetecible. El autor de la idea, empezó a visitar y observar numerosos lugares cercanos a la ciudad capital, pensando siempre encontrar el casco de alguna vieja hacienda, que restaurada, diera albergue al Instituto.

Incansable en su deseo de lograr la culminación de ese propósito, pudo finalmente hallar el sitio adecuado, no sin antes haber valorado algunos otros, muy respetables por su historia y tradición. Era cosa de decidirse.

Nos dimos a recorrer, siguiendo las huellas de los primeros colonizadores llegados a España, numerosos caminos que podrían conducirnos al lugar deseado. Labor árdua, cansada, pero agradable.

La historia, que muchas veces habla con voz de piedra, nos salía al encuentro en cada lugar visitado. Cuando la hacienda fué adquirida por él, estaba en ruinas. Sólo las piedras, desafiando el tiempo, se mantenían en pie. Los techos destruídos, los pisos sembrados de hoyos, las paredes raídas. Los que antaño fueron bellos jardines, invadidos por la hierba local; las entradas se taparon espontáneamente por los derrumbes. Caminos y veredas sólo existían en el recuerdo y así por el estilo.

Una labor restauradora parecía imposible. Pero se hizo, la mano del tiempo, y después la del hombre, se unieron en la destrucción (recordemos que los zapatistas se posesionaron del inmueble y casi lo arrasaron), lo que no hicieron los años, lo realizaron los zapatistas y los buscadores de tesoros. Recordemos una frase que estuvo de moda en Roma, por el siglo XVI: "Lo que no hicieron los bárbaros, lo hicieron los Barberini"; familia de Papas que saqueó los templos paganos.

Durante los primeros meses de la Revolución, la Hacienda se salvó de ser invadida porque a su frente se colocó la bandera de Italia, identificándola como propiedad extranjera (Pignatelli). Después no valieron razones, ni banderas para defenderla. Era tierra de conquista.

La ocuparon soldados y caballos. En sus habitaciones prendieron fogatas; mobiliario y maquinaria quedaron destruidos, o fueron sustraidos de la Hacienda. Después se fueron, pero muchos regresaron por su propia cuenta para escarbar en busca del "tesoro de Zapata". Fantasía. Unicamente quedó visible la placa que habla de don Lucas Alamán y de la inauguración de la nueva fábrica de alcohol. A los zapatistas sólo les interesó para "tirar al blanco", viéndose aún los impactos en los muros.

La Hacienda estaba, sencillamente, destruida. De la hermosa heredad no quedaba nada. Puertas y ventanas de forja señorial fueron arrancadas, bien para instalarlas en otras construcciones o para ser vendidas como fierro viejo. Como a todo había que sacarle algún provecho, hasta la tierra fue vendida. Los enormes hoyancos encontrados demostraban que la fértil tierra negra había sido llevada en carretadas para pignorarla a particulares en los mercados, a sabiendas que lo que en ella se sembrara daría frutos. De la maquinaria de la antigua fábrica de alcohol no habia ningún vestigio. Lo que no destruyeron los zapatistas formó parte del botín de los años posteriores. Se cuenta que cuando alguien necesitaba algún material de construcción, se dirigía a las ruinas de Atlacomulco para surtirse gratuitamente. Si se miraba hacia los techos, se topaba uno con las nubes, porque no existía uno solo de ellos; de la vieja plaza, que hoy luce señorialmente reconstruida, no había sino zanjas profundas y caños pestilentes. La cercana iglesia, semidestruida y negra de mugre, pero los fieles la mantenían en servicio.

Frente a la desolante perspectiva, una labor de reconstrucción parecía imposible y gigantescamente costosa. Los caminos de accoso eran lodasales en tiempo de lluvia y polvorientos hasta la asfixia durante la seca. Encogía el espíritu el ruinoso panorama abierto a la rosa de los vientos. Sin embargo, lejos de hacer desistir a Mario González Ulloa de sus propósitos, el desolado cuadro parecía reanimarle para emprender esta obra que, culminada, resultaría increíble.

Sólo el paisaje, soberbio, se levantaba eterno entre este hacinamiento de ruinas, y lo que parecía irrealizable pudo hacerselo.

Se inició la lucha para reconstruir algo que parecía imposible, ya que no fue solamente contra los elementos naturales, sino contra la incomprensión humana. Había que introducir agua potable, corriente eléctrica, línea telefónica, abrir calles. Los vecinos decían: Si siembra en parte de mi terreno o cruza una tubería por el mismo, tendrán que pagármelo. Parecían no darse cuenta que el beneficio sería principalmente para ellos.

A estas negativas inauditas, el reconstructor les echó paciencia y se dió a la ardua labor de convencer a uno por uno para obtener su cooperación, no material, ni económica, sino exclusivamente moral o sea lo mismo, que permitieran que se les beneficiara sin costo alguno para ellos. Cualquiera que no hubiese sido un hombre tan obstinado en una idea, habría hecho lo mismo que el legendario Rey David con el arpa.

La obra emprendida y realizada años después, podría llamarse gigantesca; en principio se creyó que podría encontrarse, cuando menos, parte de los viejos planos de la construcción. Sólo se logró parcialmente y hubo que completar esta empresa, valiéndose de otros similares de fincas de la comarca. Se recurrió a los servicios de arquitectos e ingenieros que se han especializado en estos trabajos en México y en el extranjero. Otro tanto se hizo para realizar las obras de jardinería; se importaron grandes cantidades de flores propias para la región y desde la costa del Mar Pacífico se acarrearon palmeras, matas de plátano de las tierras tropicales, limas, naranjas (Hernán Cortés sembró veinte mil naranjos en Yautepec), diversos cítricos y todo tipo de arbustos que hoy crecen como si estuvieran en sus propios terrenos.

Cuando la reconstrucción llegaba a su fin, la labor de hallar mobiliario apropiado también fue enorme. Podría decirse que no existe un lugar del país donde no llegara don Mario, en busca de ajuares para la hacienda: Lámparas, sillones, escritorios, viejos roperos y todo aquéllo que solía usarse en los buenos tiempos de la hacienda y que ahora pudieran aderezarse con el confort y gusto modernos.

La historia de la reconstrucción tiene muchas faces. Cuando fue contratado para decorar los muros de las trojes el pintor José Hernández Delgadillo, también hubo sus cosas. El artista, como se sabe, es de ideología marxista. Para inaugurar sus murales llevó amigos, naturalmente comunistas, gente del INBA, e hicieron su fiesta, entonando canciones de protesta... y hasta pidieron se repartiera el casco de la hacienda.

Una famosa decoradora norteamericana, Lilly Litton, insistió mucho para que se le permitiera la decoración de dos habitaciones. Ante su empeño le dijeron que sí. Lo hizo con fuertes colores (verde, azul, lila y morado), que son agradables, pero no resultaron muy adecuados al estilo y tradición del inmueble. Por cortesía no se le dijo nada, agradeciéndose su trabajo. Pero al momento presentó un recibo por la bonita suma de diez mil dólares, que tuvo que cubrírsele, no de muy buena gana, pensandose en el precio pagado, se prescindió de la idea de borrarlos.

Como anécdota de las peripecias acaecidas durante los trabajos de reconstrucción, recordemos la "guerrita", surgida entre don Mario y su legendario vecino, finado ya, el ingeniero José Villanueva Aguilera. El problema y manzana de la discordia fue el agua; don Pepe trató de aprovecharse de los viejos acueductos reconstruidos por don Mario y que, gracias a sus gestiones, ya tenían el preciado líquido, para beneficio de su finca, poseedora de cascadas y juegos de agua.

Don Mario se opuso y estalló la "guerra". Se organizaron dos bandos armados hasta los dientes; don Pepe, que se hablaba de tú con las ametralladoras, organizó sus brigadas. El médico no se quedó atrás. La primera disputa se adornó con ráfagas disparadas, afortunadamente, sin mayores consecuencias. En la plazoleta se escuchaban los "vivas" para ambos contendientes. Se presentaron voluntarios a ofrecer sus servicios. La "guerra" duró tres días.

Se concertó el "armisticio" (recomendado por las autoridades) y se logró que el caudal de agua fuera aumentado para que el anhelado líquido, causa de la disputa, surtiera a las dos propiedades.

Nos faltaba narrar un detalle: el arquitecto Guillermo Rosell de la Lama, flamante Secretario de Turismo, llegó a visitar a don Mario a bordo de su helicóptero; para buscar un lugar adecuado donde aterrizar, sobrevoló el terreno. Don José, siempre dispuesto al combate, escuchó el ruido de los motores y, empuñando su inseparable ametralladora, disparó a quien suponía enemigo en esta guerra. Lo hizo con tan mala puntería y buena suerte para el arquitecto, que no ocurrió el desastre que pudo haber acaecido. Don José, en realidad, fue hombre bueno y generoso; sus arranques fueron siempre producto de lo que él juzgaba conveniente. Hombre laborioso, de gran iniciativa. Lo recordamos con afecto.

La Hacienda de Atlacomulco, llamada, con toda propiedad, de Cortés, restaurada ya, ha tenido sus "enamorados". Varios personajes nacionales y extranjeros han tratado de adquirirla de su actual propietario, quien logró, después de seis años de trabajos, reconstruirla.

Entre ellos figura Mohamed Reza Pahlevi, el ya legendario ex Sha de Irán, destronado de su imperio y furtivo huésped de Cuernavaca. El Sha visitó la hacienda en compañía de su esposa, la ex Emperatriz, Farah Diva. Escuchó su historia. Quedó cautivado. Al comentarle que estabámos escribiendo algo de lo que fue y es la ex hacienda de Cortés, expresó que resultaría muy interesante y hasta necesario hacerlo.

El paisaje y la pétrea construcción le encantaron. Tal vez pensó que una fortaleza natural, en estos adversos tiempos para él, resultaba propicia y adecuada.

Hizo una oferta de cinco millones de dólares. A su propietario no le tentó tan elevada suma y sólo agradeció los deseos del exmonarca, quien de paso dijo, "que eran falsos los rumores de que deseaba adquirir propiedades en México, esto sería excepcional".

En honor suyo, el ahora finado Sha, a un departamento del naciente hotel, con motivos del medio Oriente, se le ha dado su nombre. Alcanzó a verlo y se mostró agradecido.

A veces, cuando alguien está a punto de morir, la ciencia opera milagros: se inyecta al paciente, se le da oxigeno, y éste, ante el asombro de quienes daban el caso por perdido, revive. Así ha ocurrido con la vieja Hacienda de Cortés; cuando sólo podían verse de ella piedras rotas o maltrechas, húmedos muros donde crecía la yerba, cuando su lenta agonía la llevaba irremediablemente a su fin, del montón de ruinas se levantó triunfadora. El cal y canto revivió como si se hubiese pasado sobre esos escombros la vara mágica de la leyenda. Nadie podía creerlo, señaladamente quienes habían visto el estado en que se encontraba, que desanimaba cualquier intento de reparación. Pero se logró. La hacienda se puso en pie después de muchas décadas de permanecer como si sobre ella hubiese caído una lluvia de meteoritos o el furioso bombardeo de las guerras actuales. El viento volvió a pulir sus muros rosados, el sol nuevamente se proyectó sobre sus techos y almenas. Se hizo, porque eso fue, el milagro.

El retablo de varios siglos está a la vista, limpio como bandeja de plata; la gente, atraída por el imán de su resurrección, comenzó a acudir. Como tarjeta de presentación se organizaron festivales de arte: Conciertos, conferencias, exposiciones de pintura, y más que todo, el simple, pero definitivo hecho de verla como la conocieron pasadas generaciones.

Si durante el siglo anterior todavía pudo recibir a visitantes ilustres, a hombres de estado, muy próxima a caer en el abandono, ahora orgullosamente podía hacer lo mismo. Y llegó un Presidente de la República para acogerse bajo su techo: don José López Portillo. Fue uno de los primeros personajes de esta época que arribó por allí después de que fue restaurada. Una gira de trabajo por el Estado de Morelos lo llevó como parte de su itinerario hasta la vieja construcción; así pudo darse cuenta de lo gigantesco que fue la obra de restaurarla.

Los trabajos continúan, se prolongarán largo tiempo, pero se ha logrado lo fundamental. El nombre de la hacienda que evoca al conquistador del siglo XVI, ya se ha popularizado. En su sitio se han reunido congresos, se instaló una sala de arte que funciona por temporadas, y para darle un toque con los aires actuales, hasta se celebró un concurso de finalistas, participantes nacionales, para un evento internacional, el de la Señorita Universo.

Su futuro se proyecta halagüeño. No sería ya factible reinstalar el viejo ingenio de Atlacomulco; tampoco podrían destinarse sus tierras, tan escasas, al cultivo de los jeranios, ni de los amarillos naranjales que perfuman el aire con el aroma de azahar; tampoco sería posible en esta era moderna, que sobre sus viejos empedrados volvieran a transitar carretelas y berlinas; el enfoque tendrá que ser diferente, pero respetando siempre la prestancia de su edad, la señorialidad de su linaje, el escudo de su alcurnia.

En la Hacienda de Cortés habrán de aposentarse promociones turísticas, será un lugar diferente para visitantes nacionales y extranjeros que deseen conocer algo de nuestra pasada historia, del México de otros días, que sin dejar de tener ese grato sabor de leyenda, conduce siempre a una realidad que configura la imagen de una Nación.

Hacienda Quinta Eréndida, propiedad del general Lázaro Cárdenas, en el Estado de Michoacán; fué cedida para usarla como clínica de campesinos.

El expresidente de la República general Lázaro Cárdenas en compañía de algunos de los campesinos a los cuales repartió su Quinta Eréndida.

Patio de la hacienda de Salgado. De litografía original de la obra de Ward. "México en 1827".

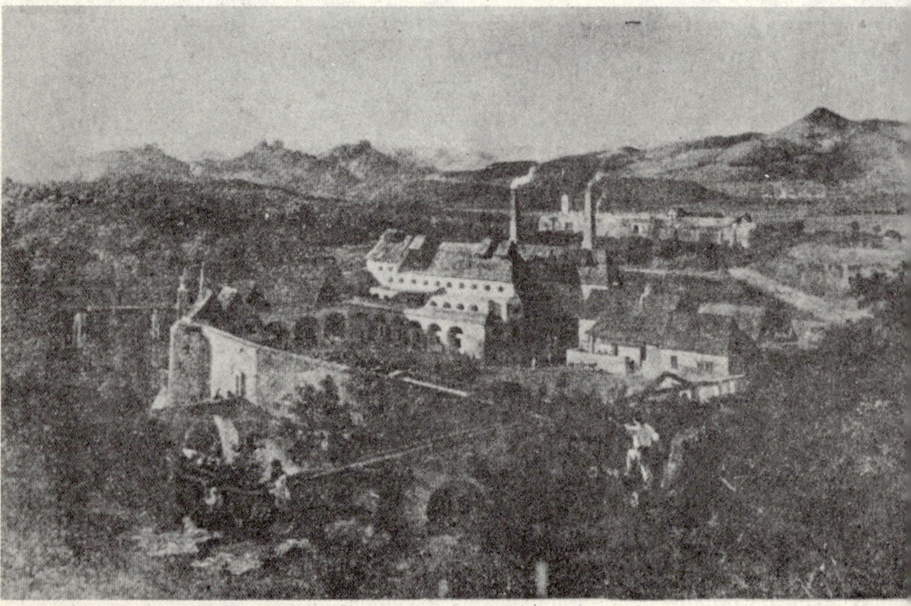

San Miguel de Regla en 1857. Oleo de Eugenio Landesio.

·tra vista de la que fuera hacienda minera de San Miguel
e Regla. Foto tomada de la obra de Gustavo Casasola
ijo, Seis Siglos de Historia Gráfica de México.

La hacienda El Encero, según un óleo de principios de
siglo.

Puerta de la entrada de la ex-hacienda de Santa María Regla. Foto de la obra Monumentos Coloniales.

. la izquierda el escritor don Antonio de Solís, autor de a Conquista de la Nueva España, grabado español realiado por R. Ximeno. A la derecha Maximiliano I, emperaor de México, litografía de Nargeot, impreso por Ch. Chardon, París 1865.

Hacienda de San Pedro Gogorrón.

Hacienda de Santiago, San Luis Potosí, propiedad de la familia Garfias.

Iglesia de la hacienda

Fachada de la casa grande

Hacienda de Carranco, San Luis Potosí.

Otra vista de la hacienda de San Pedro Gogorrón.

Hacienda La Ventilla, San Luis Potosí.

atio de la hacienda El Sabino. De las más antiguas mer-
cedes de tierras que se otorgaron en la nueva España
ueron las que en 1555 hizo el Virrey don Luis de Velasco
n "términos Escapusaltongo, jurisdicción de Tacuba",
odas estas tierras están ubicadas actualmente en el
istrito de Tlalnapantla Edo. de México. Y dentro de las
uales se encuentra la hacienda del Sabino, que en algu-
a época, 1652, formó parte del mayorazgo de la hacien-
a de La Encarnación.

alón de la hacienda El Sabino.

Comedor de la hacienda El Sabino.

Hacienda de San Antonio Yaché, en la cual estuvo el escritor norteamericano John Keneth Turner, en el año de 1908, ubicada en la Península de Yucatán.

apilla y parte del casco de la exhacienda henequera de anta Cruz, en el estado de Yucatán.

ntiguo camino a Toluca en Tacubaya, actualmente 983) la avenida Revolución a la altura de Benjamín ranklin.

Hacienda Mendocinas, que perteneció a la Compañía de Jesús, sus orígenes se remontan al año de 1611. Perteneció sucesivamente a Francisco Díaz de Noriega, 1815; José María de Cáceres Obando, 1820; Carlos Obando y Fernández de Ibarra, 1955.

:ienda de Barrera. Oleo de Egerton.

ɔche Mexicana en Palacio Nacional en honor de la Rei-
Isabel II de Inglaterra y el Duque de Edimburgo acom-
ñados del Presidente de México Luis Echeverría y su
posa doña Esther. También pueden verse la esposa
l señor Hugo Cervantes del Río y la señora Cristián
artell de Alemán.

Indumentarias de las gentes mexicanas en el año de 1840. Grabado de Bocquin y dibujos de Fossey. Abajo arrieros mexicanos en una vista general de la ciudad de Guanajuato, según una litografía de F. Lebnert y dibujo de Carlos Nebel, México 1840.

ta del Castillo de Chapultepec en el año de 1850, se-
n una litografía de Vormser y Lemaitre.

hacienda de Santa Bárbara que fuera propiedad del
ieral Plutarco Elías Calles, repartida a los ejidatarios
1937. Situada en el antiguo camino a Cuautla.

Casa ubicada dentro de la hacienda de Santa Bárbara, del general Plutarco Elías Calles.

Hacienda El Sabino, propiedad del licenciado Francisco Pasquel en el actual estado de México.

Otro aspecto actual de los jardines de la exhacienda de Cortés, ubicada en el Municipio de Jiutepec, Morelos.

Vista del despacho de la ex-hacienda de San Antonio Atlacomulco.

Acercamiento nacional promovido por el presidente de la República general Manuel Avila Camacho ante la crisis y los acontecimientos de guerra que se acercaban. Pueden verse a los expresidentes Abelardo L. Rodríguez, Pascual Ortiz Rubio, Plutarco Elías Calles, don Manuel Avila Camacho, general Lázaro Cárdenas, Lic. Emilio Portes Gil y don Adolfo de la Huerta. Un nuevo acercamiento nacional requiere en la actualidad nuestra patria

tra vista de una de las chimeneas de la Hacienda de
an Antonio Atlacomulco con la fecha en que fué
augurada la fábrica de alcoholes de ese lugar.

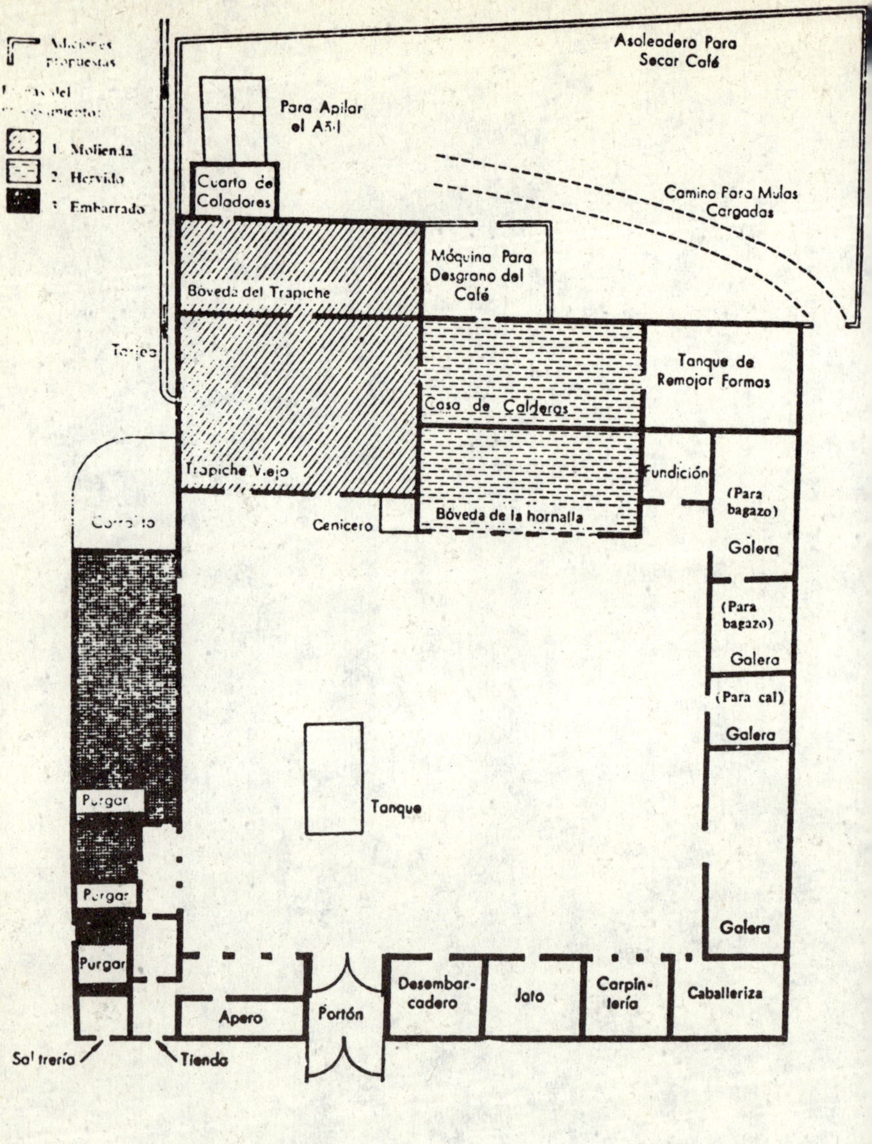

Plano del ingenio de San Antonio Atlacomulco ex-hacienda de Cortés en el años 1824.

LA ORGANIZACION ADECUADA PARA UNA PROVECHOSA EXPLOTACION DE LA TIERRA HA ESTADO EN VIAS DE ENSAYO Y EXPERIMENTO DURANTE MUCHOS AÑOS. ESTO DEBE ACABARSE. EJIDOS COLECTIVOS Y FAMILIARES NO HAN DADO HASTA AHORA LO QUE PUDIERA LLAMARSE EL FRUTO IDEAL. DEBE PUES PENSARSE EN CAMINOS MAS AMPLIOS Y SIN COMPLICACIONES BUROCRATICAS, NI FAVORITISMOS PARA LLEGAR A LA META DESEABLE QUE ES LA DE OBTENER EL MAYOR PROVECHO DE LA TIERRA PARA LOGRAR LA PRODUCCION AGRICOLA QUE SE PRECISA PARA FORTALECER AL PAIS.

PARA OBTENER LO ANTERIOR ES PRECISO ENTRE OTRAS COSAS, QUE DESAPAREZCAN SECTARISMOS, DIVISIONES Y SUBSIDIOS QUE HAN MINADO EL CAMPO DE LA PRODUCTIVIDAD; QUE SE PROTEJA Y SE GARANTICE A LA AUTENTICA PEQUEÑA PROPIEDAD; UN FRENO TOTAL A LAS INVASIONES DE TIERRAS; QUE LAS PARCELAS DE LOS EJIDATARIOS SEAN AUTENTICAS PROPIEDADES PRIVADAS, ESTO ES, ELIMINAR EL EXAGERADO PATERNALISMO OFICIAL.

DE NO OPERARSE ESTAS CONDICIONES EL DECLIVE DEL CAMPO SE MANIFESTARA PELIGROSAMENTE EN TODAS LAS ACTIVIDADES DE NUESTRA VIDA ECONOMICA Y SOCIAL, EN DETRIMENTO DE NUESTRO PAIS, POR AHORA MALTRECHO Y AGOBIADO POR LA CRISIS Y ENDEUDAMIENTO QUE PADECE.

CIERTO ES, QUE NO ES ESTA LA PRIMERA VEZ, QUE EL PAIS DEBE ENFRENTARSE A UNA SITUACION COMO LA ACTUAL, PERO ESTOS MALES PODRAN SUPERARSE A TRAVES DEL ESFUERZO Y LA UNIDAD DE TODOS LOS MEXICANOS, PORQUE A NADIE ESCAPA LA CONVICCION DE QUE A TODOS NOS AFECTA.

octubre de 1983.

COLOFON

EN EL CURSO DE ESTAS PAGINAS HEMOS SEÑALADO LA IMPORTANCIA QUE EL CAMPO A TRAVES DE TODAS LAS EPOCAS HA TENIDO Y TIENE PARA MEXICO. POLITICA, SOCIAL Y ECONOMICAMENTE LA TIERRA HA ESTADO LIGADA AL PAIS Y DE ELLA HAN DEPENDIDO SUS MANIFESTACIONES Y SUS INDICES DE VIDA.

EL LATIFUNDIO, LAS GRANDES PORCIONES DE TIERRA EN MANOS DE UNOS CUANTOS, FUE RESULTADO Y PRODUCTO DE LA EPOCA, DE LA ORGANIZACION QUE SE DIO A UN PAIS CONQUISTADO Y SOMETIDO AL DOMINIO EXTERIOR DURANTE TRES SIGLOS. CABE DECIR QUE DURANTE AQUELLOS AÑOS, ESTE SISTEMA, PREFERENCISTA, CON FUERTES RAICES FEUDALES EXISTIA LOS MISMO EN RUSIA, QUE EN ALEMANIA, INGLATERRA, ESPAÑA Y EN LA MAYORIA DE LOS PAISES DE EUROPA GOBERNADOS POR REYES Y EMPERADORES.

AL OBTENER MEXICO SU INDEPENDENCIA POLITICA, TENIA QUE LIQUIDARSE UNA EPOCA SOJUZGANTE, QUE POCO A POCO, SE FUE MANIFESTANDO EN LAS ESTRUCTURAS DEL SISTEMA Y LA PAULATINA DESAPARICION DEL LATIFUNDIO, SISTEMA QUE NO PODIA SER APETECIBLE EN NUESTRO MEDIO PORQUE DE HECHO SIGNIFICABA EL DESPOJO DE SU PATRIMONIO ANCESTRAL AL PUEBLO MEXICANO, DESCENDIENTE DE LOS QUE FUERON SOMETIDOS AL ARRIBO DE LOS CONQUISTADORES.

LA TIERRA HEMOS DICHO YA ES EL PATRIMONIO NATURAL DE LOS MEXICANOS Y NO PUEDE, NI DEBE SER USUFRUCTUADA NI POR SECTORES ELITISTAS, NI MUCHO MENOS, POR UNOS CUANTOS PRIVILEGIADOS, Y ASI LO ESTABLECE NUESTRA CONSTITUCION DE 1917 QUE RECOGE LA VOZ PERDIDA DE MORELOS EN LA CARTA DE APATZINGAN.

plaza de las Tres Culturas de Tlaltelolco. Valor permanente en la historia de México.

LA SOMBRA DE CORTÉS SOBRE LOS MUROS MEXICANOS. (Segunda edición) quedó totalmente impresa y encuadernada el 30 de Octubre de 1992. La labor se realizó en los talleres del Centro Cultural EDAMEX, Heriberto Frías 1104, Col. del Valle, México 03100. Fax. 575-0555. Se hicieron 3000 ejemplares.